鳥羽・志摩の海女

素潜り漁の歴史と現在

塚本 明
Akira Tsukamoto

吉川弘文館

目次

四　観光海女の歴史

五　近代の海女へのまなざし

図表目次

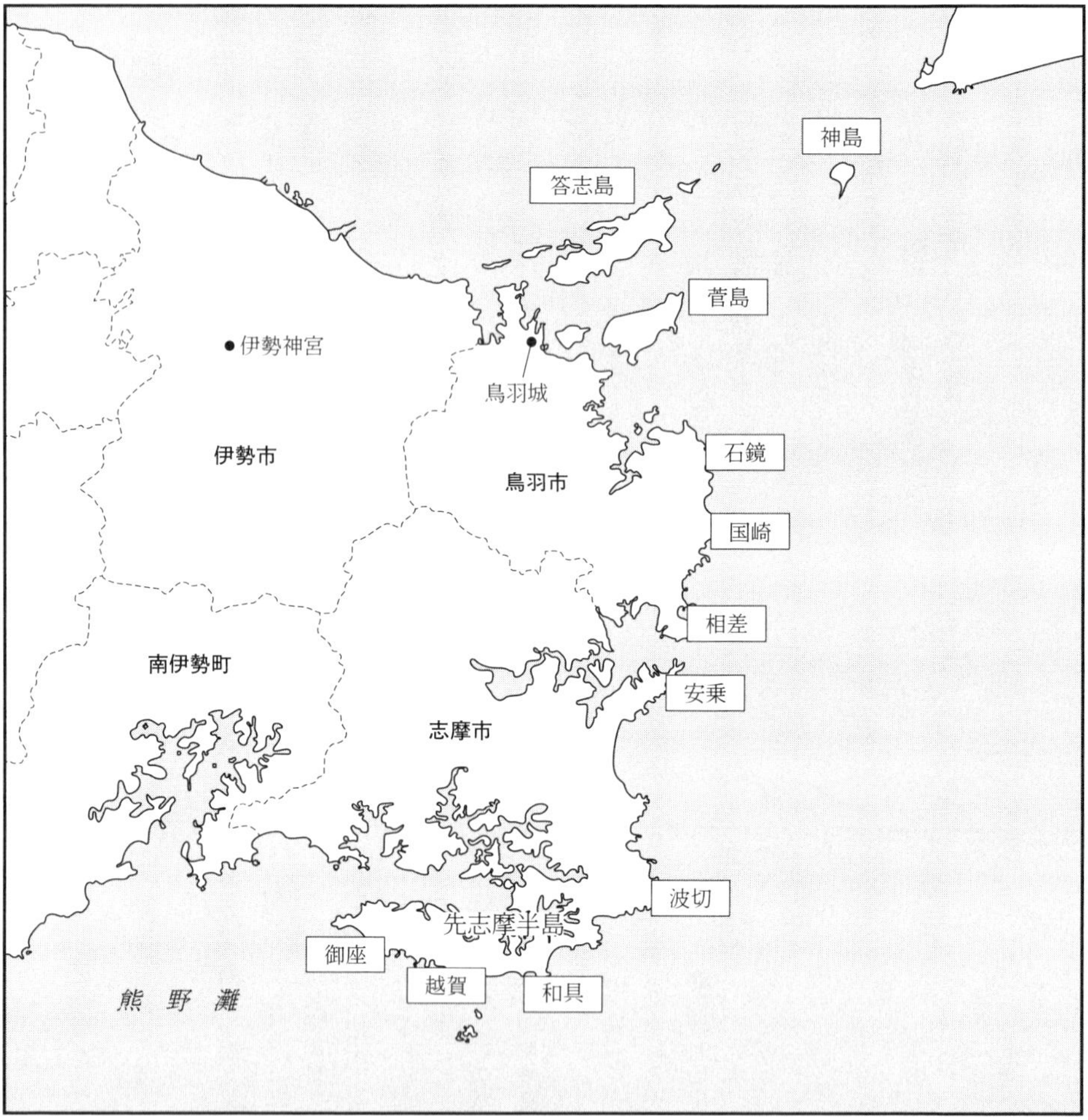

神島
答志島
菅島
伊勢神宮
鳥羽城
石鏡
伊勢市
鳥羽市
国崎
相差
南伊勢町
安乗
志摩市
波切
先志摩半島
御座
越賀
和具
熊　野　灘

はじめに

素潜《すもぐ》りで海底の貝や海藻を採る海女《あま》は、長い歴史を持つ文化財的な価値や、環境に優しい持続可能な漁業形態であることなどが、近年注目を集めている。人数が多いだけでなく、歴史の古さと活動の多彩さという点でも、三重県南部の志摩《しま》半島は日本の海女文化の中心地である。鳥羽《とば》市、志摩市の観光パンフレットやポスターには必ずと言ってよいほど海女が登場するし、二〇一六年五月に開催された伊勢志摩サミット前後のイベントでは、外国人記者、随行員らの熱心な取材の対象となった。

それより少し前、二〇一三年上半期に放映されたＮＨＫの朝の連続テレビ小説「あまちゃん」は、岩手県久慈《くじ》市の小袖《こそで》海岸を主な舞台に撮影されたものだが、海女という存在が世間一般に広く知られるきっかけとなり、以後はテレビなどで報道されることも格段に増えた。

海女が人気を集めているのは、海底深く潜るという常人にはない能力を持ち、少しエキゾチックなイメージがあり、そして何より女性のなりわいであることによっているだろう。女性が勤める「仕事」としては、その歴史は遊女と共に古いとも言われる。加えて、フナドという男女が能力に応じて協働する海女漁の形態は、最も古い「男女共同参画」と評価することも可能だ。

磯場《いそば》の漁業であるがゆえに、古くから資源を管理する意識が強く、海の環境維持に敏感である点も、高く評価されている。そして広い地球上で女性の素潜り漁は、歴史的には日本列島と韓国の済州島《チェジュ》にしか存在しない（韓国では、近代以降に半島にも広がっていき、また近年は台湾の海女が注目されるようになっているのだが）。

だが、私が感じる海女の一番の魅力は、身ひとつで簡素な道具だけを持って自然界から食べ物を採って来るという、いわば人類の根源的な働き方を、原始社会以来現代に至るまで続けている点にある。機械文明が、個人の感覚の到底及ばないところにまで発達した現代社会において、働くことの意味や実感を取り戻すためのヒントが、海女文化にひそんでいるように思う。

海女さんたちは総じて底抜けに明るく、そして多少口が悪くても、性根はすこぶる優しく謙虚である。そして、賢い。学問的な知識がある訳ではないのだが、生きるための知恵を豊富に持っている。絶えず変化し続ける海のなかで、しばしば危険に晒《さら》されながら、我が身と仕事と生活を守ってきたことで獲得した英知であろう。

海女の長い歴史のなかでは、性的な興味関心を含む好奇の視線が注がれ、不当な扱いを受けた苦難の時代もあった。現代の海女さんたちが、自らを海女だと誇りを持って名乗れるようになったのは、実はそう古いことではない。

全国の海女の人数は、戦前期には一万人を超え、昭和五三（一九七八）年の調査でも九〇〇〇人余りを数えたが、現在は全国で二〇〇〇人弱にまで減少してしまった。その半数近くは三重県の志摩半島（鳥羽市・志摩市）で漁を営んでいるが、最新の数字では七〇〇人弱まで減っている。いずれの地でも高齢化と後継者不足は深刻で、海女文化の存続は危機に瀕していると言わざるを得ない。

そうした状況のなか、私たちは今、海女漁、海女文化を保存する運動を繰り広げている。二〇一四年一月には、「鳥羽・志摩の海女による伝統的素潜り漁技術」が三重県の無形民俗文化財に指定され、三年を経て二〇一七年三月には「鳥羽・志摩の海女漁の技術」として国の重要無形民俗文化財となった。同時に、真珠養殖業とセットで日本農業遺産にも認定された。私たちは、さらにユネスコの無形文化遺産への登録を目指している。

この運動は決して、ちょっと変わった物珍しい生業を、博物館収蔵庫のコレクションのように残したいなどという興味本位の取り組みではない。現前の課題に関わる点では、持続可能な漁業のあり方を模索する上で参考にすべき形態であるし、地域を象徴する産業として観光面での活用を図ることもできる。だが、それにとどまらず、海洋国日本の伝統文化の重要な要素として、人間と自然環境との関係や現代の私たちの働き方、食文化などを見直す上で、海女漁、海女文化は極めて示唆的なのである。海女を基軸に考えられる射程の広さ、重要さ、そして面白さを、多くの方に知って欲しいのだ。

多くの海女さんたち、そしてこの間に海女文化を振興する運動の中心として奮闘してこられた、鳥羽市にある海の博物館の石原義剛館長の後押しを受け、ここで志摩半島の海女を中心に、その豊かで力強い歴史と文化を紹介することとしたい。

一　原始・古代〜中世の海女

1　志摩半島に海女が多い理由

海女の歴史を述べる前に、志摩《しま》半島に海女が多い理由を考えておこう。三重県でも現在海女がいるのは、紀伊半島南東部の突端、志摩半島の鳥羽《とば》市と志摩市に限られるが、両市域は前近代には志摩国域であり、江戸時代には鳥羽藩領であった。近年では鳥羽市に四三〇人、志摩市に二三〇人ほどの海女が活躍している。少なくなったとは言え、いまだにこの地域を象徴する漁業であり、観光の目玉にもなっている。

日本を代表する海女どころという位置は、歴史的にも古い。志摩国は古代律令《りつりょう》制国家の下で「御食国《みけつくに》」と呼ばれ、都に鮑《あわび》を始めとする海産物を貢納する役割が担わされた。淡路《あわじ》国や若狭《わかさ》国も御食国であるが、この両国は塩の献上が中心であり、志摩の海で採れる豊かな美味こそが、志摩支路という整備された道を通って都に運ばれ、貴族たちの舌を楽しませたのである。

中世以降、志摩の海女漁村は伊勢神宮《いせじんぐう》との関係を深めていく。近世期には、神宮の御師《おんし》（神主《かんぬし》）が全国の檀家たちに土産として配る熨斗鮑《のしあわび》を大量に作り、また参宮客《さんぐう》の食膳に上る海の幸を供給した。近代以降、ショービジネスのなかで海女が人気を集めた時にも、鳥羽・志摩の海女は全国の海女の代表として各地で活躍した。

だが、政治的・経済的要因より前に、海女漁を営む上での自然条件を考えなければならない。リアス式海岸が広がる志摩半島の磯は、鮑や栄螺《さざえ》などが豊富な、恵まれた漁場であった。木曽《きそ》三川を源流とする伊勢湾からの海流と、沖合いの黒潮に挟まれた潮の流れも、海を豊かにした。険しい地形や激しい潮流は時に自然災害を引き起こし、ここで働き、暮らす人びとを苦しめたが、この自然条件が、単に数が多いというだけでなく、高い技術を誇る海女漁の形態を発展させたのである。

海女漁には、大きく分けてカチドとフナドの二つの形態がある。カチドとは「歩行《カチ》」、すなわち海女が個々に浜辺から歩き、泳いで沖合いに出て行う漁であり、フナドは舟を用いて、船上の男（一般には「トマエ」と呼ばれる）と二人一組になって行う漁をいう（図1）。やや大きめの舟に一〇人前後の海女が乗り合って沖に出るノリアイという形態もあるが、潜水漁自体はそれぞれ海女個人が行う点で、カチドの一種に分類されることが多い。フナド海女は舟を用いて漁場へ赴き、錘《おもり》などを使って一気に海底に潜《もぐ》り、船上の男の力を借りて浮上するため、カチド形態に比べ深い海での漁が可能となり、収穫量も圧倒的に多い。男も参画したこのフナド海女こそが海女漁の最も発達した形態であり、他の地域にも多少見られるとはいえ、志摩半島の海女漁の象徴である。そして、この形の海女漁は韓国には存在せず、日本の海女漁独特の姿なのである。

図1　国崎のフナド海女（トトカカ舟）。船上の男が綱を引き，海女の浮上を助ける。1972年7月撮影。（鳥羽市立海の博物館提供）

男女ペアの海女漁が、なぜ志摩半島で発展したのであろうか。これは、なぜ男性ではなく女性が潜るのか、という問題とも関わっている。原始社会には、男女の区別なく潜水して魚貝を採っていたと考えるのが自然であろう。それが船や漁具の発達に伴い、男は次第に大規模な漁業に転じて沖合いに出ていくようになる。

その結果、磯場《いそば》でのすなどりは、家事・育児や農作の合間の時間に漁を営む女たちに特化していったのだと思われる。文献史料からは跡付けられないのだが、大正期に三重県衛生課が編纂した『蜑婦《あま》ニ就《つい》テ』でもこの説を採っているし、戦後に全国の漁村や離島を調査して歩いた民俗学者の宮本常一《みやもとつねいち》も同様の推定をしている。

だが、志摩半島では大規模漁業の展開にはいくつかの障害があった。海岸線が複雑に入り組んでいて、磯場が多く、沖合いには激しい黒潮が流れ、江戸時代でも廻船《かいせん》の難破《なんぱ》が頻発する海域であった。磯場の漁業資源には恵まれているが、例えば房総半島の九十九里浜で発展した地曳き網のような漁業は容易ではない。そのため、豊かな磯場を活用して、男も参画する集約的な海女漁が盛んになっていったのではなかろうか。

2　考古遺物から見る鮑漁

鳥羽市白浜遺跡のアワビオコシ

鳥羽市の市街地から南へ、車で二〇分ほど走った先の海岸沿いにある白浜《しらはま》遺跡は、著名なリゾートホテル、タラサ志摩の建造に際して発見された、弥生時代から奈良・平安時代にかけての大規模な遺跡である（『白浜遺跡発掘調査報告』鳥羽市、一九九〇年）。

この遺跡から、鮑を始めとする大量の貝殻と共に、図2左のような「アワビオコシ」と呼ばれる鹿の角を用いた骨角器が見付かった。これらの遺物は現在、遺跡のすぐ近くにある鳥羽市立海の博物館で展示している。現物を見ると分かるのだが、とがった先の方が削られ、ヘラ状になっている。この部分を、岩と、そこへへばりついた鮑とのわずかな隙間に差し込み、梃子《てこ》の原理で剝ぎ取るのである。

現代の海女が用いる磯ノミと並べてみると（図2）、材質は異なるものの、鮑を採る道具としての構造は全く同じであることは明らかだ。原始社会で使われた道具とさほど違わないものを、現在でも用いているのである。

アワビオコシも磯ノミも、極めて単純な道具である。だが、だからと言って誰でもこの道具を持って潜水すれば、鮑が採れる訳ではない。まず、岩場にひそむ鮑を探すこと自体が簡単ではないし、運良く見付けられても磯ノミの差し込み方を誤ると、鮑は岩にぴったりとくっついてしまい、二度と剝ぎ取ることはできなくなってしまう。無理をして貝肉に傷が付けば、商品価格は大きく下がる。身体の自由な動きがままならぬ海中で、限られた時間内に道具の用い方を瞬時に判断して鮑を採る難しさ、そのことを海女さんたちは、実に楽しそうに、そして誇らしげに話してくれる。素人ではとても無理で、海女稼業を始めて数年後にようやく初歩的な技能を習得できるものらしい。体力はともかくとして、年齢を重ねベテランになるほど技能は高まるが、五〇歳、六〇歳では、まだまだ「ペーペー」なのだそうだ。

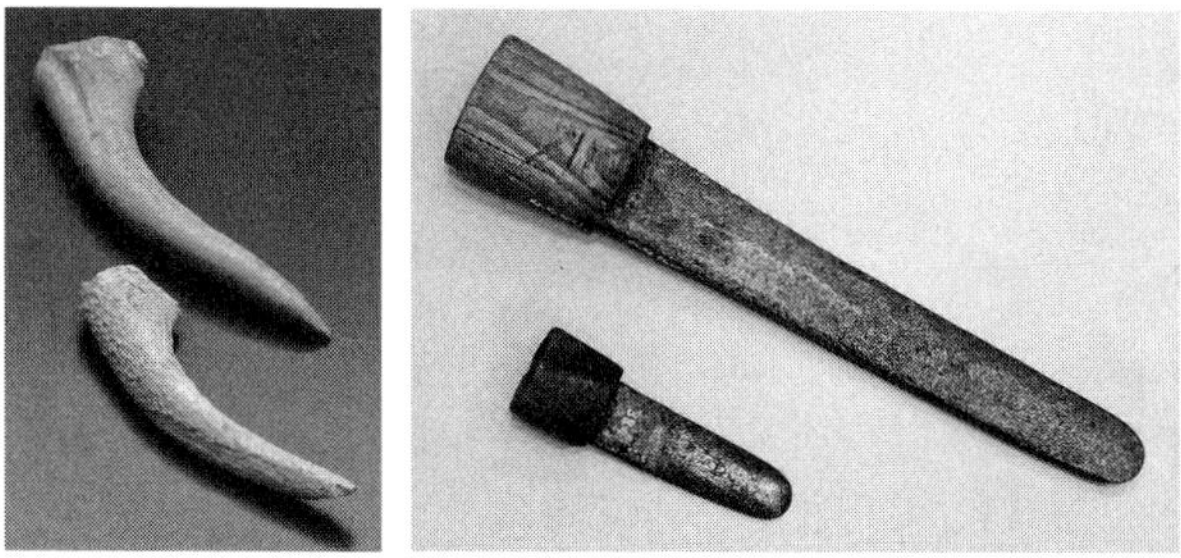
図2　白浜遺跡出土のアワビオコシ（左，鳥羽市教育委員会提供）と現代の磯ノミ（右，鳥羽市立海の博物館提供）

私は海女のなりわいの特徴を、日本の国技である大相撲《おおずもう》にたとえることがある。土俵のなかでまわしを付けた力士が力を競い合う相撲は、ルールは極めて単純である。だが、力が強ければ勝てるとは限らない。立ち合いの間の取り方、その時の呼吸法、まわしを引く際の指や肘《ひじ》の使い方などなど、厳しい稽古《けいこ》によって高度に鍛え上げたさまざまな「技能」を身につけることで、はじめて強い力士が生まれるのだ。

腕の良いベテラン海女も同様である。海に潜る経験を積み重ね、容易に真似のできない技能を高めていく。遺跡から出土したアワビオコシと、現代の海女が用いる磯ノミを並べてみる時、数千年の時を越え、似たような道具と同じ課題を持って自然界に立ち向かい、共通の技能を身に付けていったつながりに、驚きを覚える。海女の特質、その魅力とは、まず何より高度な機械文明が当たり前になった現代社会において、原始以来の変わらぬ働き方が生き続けている点にある。

アワビオコシと海女漁の全国分布

さて、このアワビオコシは、鳥羽・志摩地方に限らず北は礼文島《れぶんとう》から房総半島、相模《さがみ》、三宅島《みやけじま》、鳥取、壱岐島《いきのしま》、五島列島《ごとうれっとう》まで、日本海側・太平洋側を問わず全国各地の遺跡から発掘されている。縄文《じょうもん》時代には鯨骨を用いたものが目立つが、弥生時代には鹿の角製のほか鉄製のものも見られる。鮑の貝殻の出土状況から、弥生時代には鮑漁が飛躍的に盛んになり、その専業者の存在を推測する研究者もいる。

二〇一〇年に海の博物館が実施した調査によれば、人数の多少はともかく北は岩手県から南は鹿児島県まで、一八の道県で海女漁の存在が確認された（図3）。その三二年前、一九七八年の調査では、これら以外にも九の都県で海女漁が行われていた。日本列島の海岸線で貝が棲息するような大抵の磯場では、海女漁が行われていた歴史を思わせる。

鳥羽・志摩に次いで海女漁が盛んな石川の輪島《わじま》地方では、福岡の鐘崎《かねざき》から移住して漁業権を確保し海女漁を営んだとの伝承がある。彼女たちは家族と共に集住して「海士町《あままち》」を形成し、現在に至っている。山口県の大浦や鳥取県の夏泊《なつどまり》も同様であるが、これらの地はいずれも単一の集落で、領主から与えられた特権に基づいて海女漁を営んできた

図3　全国海女分布一覧（『日本列島海女存在確認調査報告書』より）

点でも共通している。九州地方では、韓国済州島《チェジュ》からの技術伝播を指摘する人もいる。海を越えた人の往き来や技術の影響は、きっとあったことだろう。だが、四国や伊豆《いず》、房総半島、東北地方など、歴史的に海女漁が盛んだった地は日本列島上で少なくない。日本における海女漁は、原初的には各地で自然発生的に始まったものと考えるべきだ。経験に基づく技能は必要とするものの、先進地からの伝播を必須とする漁業形態という訳ではない。

原始時代には、海の幸豊かな海岸沿いに集落が形成されることが多かった。タンパク質の確保という点で、陸上動物を狩猟で射止めるのは容易なことではない。海の魚貝、とりわけ磯の貝であれば、一年中安定して採ることができる。アサリやハマグリが採れる浜から少し深い所に行けば、大きな貝がある。その貝を目当てに潜るようになるのは、食料確保を目指す漁民らにとって、ごく自然なことであっただろう。日本列島各地の海女漁は、こうして始まり、伝わってきたものだと思われる。

世界的にも珍しい男女協働

だが、このような日本列島上の海女文化の地域的広がりは、韓国とは大きく異なる。後述するように現在の韓国では、済州島以外にも主に釜山《プサン》から蔚山《ウルサン》辺りにかけて、半島の東岸を中心に数千人規模の海女が活躍しているが、歴史的には済州島にしか海女は存在しなかった。一九世紀の終わり頃から志摩海女の出稼ぎを契機とする済州島民の進出によって、朝鮮半島に海女漁が定着していったのである。

なぜ済州島にしか海女漁が行われなかったのだろうか。儒教《じゅきょう》道徳の浸透した朝鮮社会では、女性が外で、しかも肌を晒《さら》して働くなどというのは恥ずべきことと意識された。これは儒教の大元の中国や周辺のアジア諸国も同様であったろう。一方済州島は、朝鮮半島とは異なる風土習慣を持ち、半島からの流刑《るけい》の地として扱われ、不当な差別を受ける地でもあった。地理上の位置や歴史的な経緯、また現在は観光リゾート地となっている点でも、日本における沖縄に近いと言えようか。そうした歴史的文化の違いゆえに、済州島では女性が海で働くことについてのタブーが弱かったのだと思われる。ただ、その済州島でも海女は卑賤視される存在であった。

西洋で女性の素潜りの歴史がないのも、やはり宗教や道徳観が原因であろう。女性の衣服や行動を厳しく制限するイスラム教の影響下の国々はもちろん、女性を保護の対象とみなす騎士道の文化においても、海での女性の労働が容認されなかっただろうことは、容易に想像がつく。

そう考えると、働くことについての男女の関係、今風にいえば「男女共同参画」のあり方という点で、海女漁の存在は日本文化の個性を示す、重要な一部なのではなかろうか。女性が海で働くことの禁忌《きんき》は、日本には昔からなかった。儒教の浸透は、武家《ぶけ》・公家《くげ》社会や、民衆社会でも精々上層部にとどまり、しかもそれは一般的な道徳として唱えられたものの、人びとの暮らし方を規制するものにはならなかった。農民や漁民たちにとって、自然のなかで夫婦協力して働くのは、ごく普通のことだったのである。だから、素潜り漁を営む女性が社会のなかで差別されるようなこともなかった。だがそれは、世界史的に見るととても珍しいことであった。

現在の日本社会は女性の社会的進出が遅れており、男女格差を測るジェンダー・ギャップ指数が世界一四四か国中一一〇位に留まるのだという。しかしそれは今の時代の特質であり、決して日本社会の歴史的伝統ではない。少なくとも志摩半島の漁村においては、女性を主役とする男女協働的な海女漁が、古くから発達していたのである。

日本民俗学の泰斗柳田国男《やなぎたくにお》は、名著『明治大正史　世相篇』において海女労働に触れつつ、「男にしか出来ぬと云ふ荒仕事はさうあるものではなかつた。しかも之《これ》に反して女でなければ出来ぬといふ仕事は多かつたのである」とし、「職業婦人」などという言葉が生まれる以前に女性はごく普通に働き、しかも女でしかできぬ仕事に従事したことを強調している。男女協働の歴史的担い手として、海女は日本文化の誇るべき存在なのではなかろうか。

平城京木簡の〈耽羅鮑〉

平城京《へいじょうきょう》跡から大量に出土した木簡《もっかん》は、六国史《りっこくし》を中心とする編纂書の世界には表れない新たな文字資料として、古代史研究を大きく進展させることになった。

平城京木簡の多くは諸国からの貢納品に付された荷札木簡で、品名と送り主の名前、地名などが墨書されたものである。そのなかに、現在の志摩市大王町波切《なきり》から鮑を送ったことが記される木簡がある（木簡番号三四四）。これは、志摩の海民と韓国済州島とのつながりを示す証拠として扱われ、数ある木簡のなかでも特に有名になったものの一つである。だが、残念ながらこの木簡で遠く海を隔てた国際的なつながりを論じるのは早計であるように思う。

まずは、通常示される木簡の解読文を見てみよう。

　志摩国英虞郡《あごぐん》名錐郷
　　戸主大伴部万呂　戸口同部得嶋御調
　　　耽羅鰒六斤
　　　　天平十七年九□

「名錐」とあるのは現在に続く地名である「波切」であり、ここの大伴部万呂を戸主《へぬし》とする大伴部得嶋という者が、天平一七（七四五）年九月に、成人男子に賦課される調《ちょう》として鰒（鮑）を都へ貢納したことが分かる。

問題は、「耽羅鰒」と読んでいることである。「耽羅《たんら》」とは新羅《しらぎ》の旧名で、現在の韓国済州島のことを指す。海を通した歴史上の日本海民の広域的な交流を大胆に論じた網野善彦は、この木簡を紹介しつつ、志摩も済州島と鮑の採取を通じて、古い時代から深い関わりが確実にあったと主張した（『日本とは何か』、『日本社会の歴史』上）。司馬遼太郎も『街道をゆく28　耽羅紀行』の最後で、『延喜式《えんぎしき》』に言及しつつ、やはり「耽羅鰒六斤」を取り上げ、「常識的に解すれば、いまの大阪湾か伊勢湾あたりに、耽羅からたえず海女がきていて、大きなあわびを獲っていたのではないかということである。想像しうることは、それ以外にない」とし、さらにそのうちの何割かは定住し日本人として私たちの先祖の一部になったのではないか、とした。

海に囲まれた島国であり、江戸時代のいわゆる鎖国《さこく》政策の影響もあって閉鎖的なイメージがあるものの、実は八世紀には日本と韓国の海民同士で交流があったという議論は、刺激的かつ魅力的である。海は人を隔てるのではなく結び付けるのだ、「孤立した島国日本」などというのは幻想だ、という網野の主張にも、大いに共感を覚える。そして、古代史の研究者たちが明らかにし、司馬が強調するように、豊後《ぶんご》国や肥後《ひご》国から「耽羅鮑」が貢納されたことが平安時代中頃に成立した『延喜式』に記されており、この時期に北部九州の海民が済州島と交流していた可能性は高い。だが、それが志摩にまで広がるかどうかは別問題である。

志摩から「耽羅鮑」が貢納されたとすると、その「耽羅鮑」とはいったい何物か、済州島との「交流」の実態は、

図4　平城京木簡三四四号（奈良文化財研究所提供）

どのようなものであろうか。網野にしても司馬にしても、この点の検討なしに志摩と済州島との交流を性急に強調しているように思われてならない。豊後国や肥後国に倣って考えれば、志摩漁民が済州島へ赴いて採取した鮑か、済州島産の鮑が運ばれて来たのか、あるいは済州島の海民が志摩半島へ出稼ぎに来て採った鮑であろうか。しかし、それでは志摩国名錐郷の大伴部得嶋が、鮑を調として貢納したことの合理的説明が付きにくい。さすがに当時の志摩漁民の技術水準では、日常的に玄界灘《げんかいなだ》を越えて済州島まで渡ったとは思えないし、それ以前にそのような遠征をする必然性もなかった。神宮の諸制度に詳しい矢野憲一は、耽羅産の鮑との見解は否定し、済州島の鮑は大きなものが多く「耽羅鮑」とは立派な鮑を指すのではないか、と推定しているが、これも十分な根拠があるとは思われない。

〈耽〉と読めるのか

そもそも、本当に「耽羅鮑」なのだろうか。木簡の写真をよく見ると、「羅鰒」は間違いないのだが、「耽」の字が問題である。どう見ても耳偏ではなく身偏であり、旁の方も「冘」ではなく「包」のようだ（なお、身偏に「冘」の字は『大漢和辞典』にも見え、耽の俗字だと言う）。むしろ、どうしてこれを「耽」と読めるのか、私には解せない。

懇意の古代史の研究者に問い合わせたところ、「耽」で間違いないとの返答であった。理由は、木簡研究のメッカである奈良文化財研究所の木簡データベースに、この字が登録されているというのである。そうなのか、素人考えで疑ったが、やはり耽羅なのだろうかとがっかりもし、それでも念のためウェブサイトで公開されている木簡データベースにアクセスしてみた。確かに「耽」を検索するとこの形の字がでてくる。だがそれは、まさに志摩国名錐郷の大伴部得嶋が送った木簡に記された字であり、それのみなのである。言い換えれば、例の木簡の記載を「耽羅鰒」を読んだがゆえに、身偏に「包」に見える字を「耽」としてデータベースに登録しているのである。「羅」は間違いないところから、おそらくは『延喜式』に見る「耽羅鮑」の連想で、そのように読んでしまったのだろう。しかし、他に類似の事例がない限り、これは疑って掛かった方が良さそうだ。

貢納鮑の種類

残念ながら、身偏に「包」の字を、日本最大の漢和辞典『大漢和辞典』を繙《ひもと》いても出てこない。字だけを追い掛けるのは無理なようだ。ひとつの手掛かりは「〈耽〉羅鰒」に続く「六斤」である。斤《きん》とは尺貫法《しゃっかんほう》の重量の単位で、約六〇〇gに当たる。「六斤」は三・六kgとなるわけだ。数十個分の鮑に相当する結構な量であるが、まずは平城京木簡に鮑がどのような単位を伴って表れるのかを注目してみたい。

当時の都奈良へは諸国から鮑が運ばれたが、貝殻付きの生鮑のほか、種々の加工を施された上で送られていることが、木簡にも表れている。そして、加工の種類によって単位が変わっているのである。

「生鰒」「鮮鰒」など、生で送られるものはもちろん、「焼鰒」「蒸鰒」と熱処理されたらしいものは、「貝」という単位（個数）で表記される。いずれも貝殻付きで送られたことを思わせる。一方、「長鰒」「玉貫鰒」「身取鰒」などの熨斗鮑《のしあわび》に加工されたものは「列」（烈）という単位、すなわち本数で示されている。そして「酢鰒」「調鰒」のように、貝殻から剝いた上で調味料などで加工したらしき鮑には、「斤」「斗《と》」「升《しょう》」などの重量や容積で表されているのである。この対応関係に注目すると、問題の「〈耽〉羅鰒」とは、鮑の剝き身（＝「羅鰒」）に何らかの調理を施したものと考えるのが妥当ではないだろうか。〈耽羅〉が種類や産地、あるいは立派な形を示すだけであれば、「斤」の単位は用いないと思われるのである。済州島での加工法が伝わってそれを「耽羅鮑」と呼んだという可能性も残されるが、漢字として「耽」とは読めない以上、敢《あ》えてそのように解釈する理由はない。

ともあれ、ここでもう一つ確認しておきたいことは、当時は採れた鮑をさまざまに加工して都に送っていたことである。もちろん運送手段が未発達な時代にあって、保存を目的としたことは間違いない。だが、一般には鮑の調理法が刺身《さしみ》かバーベキューかに限定される傾向の強い現代に比べて、この時代の方が多様な食べ方をしているように思う。とりわけ、鮑の本当に美味な部分、肝を加工した「腸漬鮑」が木簡に登場していることにも、当時の思いのほか豊かな食文化を感じることができる。

3　文学に登場した海女

さて、遺跡から出土するアワビオコシは、そこで潜水による鮑漁が行われていたことは推測できるものの、その担い手が女性である証拠とはならない。平城京木簡に記される鮑も同様であり、また潜水漁以外の鮑漁の可能性も排除できないだろう。潜水を続けることで外耳道《がいじどう》に骨が異常増殖することがあり（外耳道骨腫）、その痕跡が残る人骨の発掘例も報告されている。だが、そうした人骨は女性のものとは限らず、むしろ男性のものが多いという。女性の素潜り漁の存在を確実にとらえるには、やはり文献の世界に頼らざるを得ない。

「海女」という言葉

素潜りで貝や海藻を採る女性を「海女」と表記するようになるのは意外に新しく、明治二十年代以降のことと思われる。前近代には「蜑」や「海士」が一般的に用いられ、いずれも「あま」と読むが、「蜑」は女性漁業者を指すものの、「海士」は男女の区別がない。「海士」や「海人」という表記を含め、万葉仮名《まんようがな》で「あま」と記されるものは、潜水業を営まない漁民一般を指す場合が多々ある。実は、日本文学の注釈書などではこの点をあまり意識することなく、しばしば「あま」に「海女」の字を当てているため、注意が必要なのだ。

三世紀末に書かれた中国の正史『魏志倭人伝《ぎしわじんでん》』には、「倭水人、好沈没捕魚蛤」などと潜水漁を営む日本漁民について特記している。中国には見られない漁法ゆえの記述であろうが、女性が行うものと書かれている訳ではない。水野紀一は「日本古代潜水漁撈《ぎょろう》文化論」（『翔古論聚』久保哲三先生追悼論文集）において、弥生時代以降に農耕社会とそれに連動した漁撈が発展し、男が釣や網漁《あみりょう》に進出していくことに伴い、それまでは磯辺での採集漁撈に留まっていた女性が、潜水漁に進出したのではないかとの見解を示された。だが推測による部分が大きく、その後の展開を見ても簡単に首肯することはできない。漁業技術の発展度合いの地域差もあろうし、明確な結論を出すのは難しそうだ。

山上憶良の「沈痾自哀文」

文献上に女性中心のなりわいとしての潜水漁が登場するのは、『万葉集《まんようしゅう》』が最初ではないかと思われる。八世紀前半、『万葉集』巻五に収められた山上憶良《やまのうえのおくら》の「沈痾自哀文」という長歌《ちょうか》がある。年老いて病気に苦しむ我が身を自嘲的に詠んだものだが、その冒頭部分で、山野で日々殺生を営む者たちでも罪を受けずに暮らしているのに、善行を積んできたはずの我が身の不幸を悲しむ部分で「漁夫、潜女」が取り上げられ、「漁夫、潜女、各勤むる所あり……女は腰に鑿籠《のみかご》を帯びて深潭《しんたん》の底に潜き採るを謂《い》ふ」とする。「潜女」が腰にノミと籠を付けて海底深く潜り魚貝を採る女性として、漁夫と対置されている点も注目されよう。九世紀に成立する『延喜式』中にも「潜女」の語が見られ、遅くとも八、九世紀頃までには、潜水漁が主に女性によって担われるという認識が都びとの間に定着していたと考えられる。

『万葉集』に詠われた海女

田辺悟によれば、『万葉集』のなかで海女を詠んだ歌は八二首に及ぶという。ただし、そのなかには藻刈《もか》りや塩焼きなど漁撈者一般や、男の漁民を指す場合が少なくない。潜水漁を詠んだと思われる歌としては、例えば次のようなものが知られている。

伊勢《いせ》の海人の　朝な夕なに潜《かず》ぐといふ　鰒の貝の片思にして（巻一一―二七九八）

朝夕に潜るという海女が採る鮑は、実際には巻貝であるが、大きな二枚貝の片方のように見える。それを、片思いの暗喩に用いているのである。

伊勢の海の　海人の島津が鰒玉　取りて後もか恋の繁けむ（巻七―一三二二）

貝が体内で生成する宝石の真珠は、アコヤガイによるものがよく知られ、近代以降に真珠養殖が志摩地方の重要産業となった。だが天然の状態でも真珠が生成されることがあるため、古代からアコヤガイを採る潜水漁も行われ、わずかに含まれる宝玉を献上品とするほか、小さなものは薬種として利用された。そして鮑貝にもまれに真珠が含まれることがある。その貴重な鮑玉を恋する相手と結び付け、手に入れた後にもなお一層恋しい、との思いを詠《うた》ったものである。「島津」は、「志摩」に掛けた地名とも海女の名前ともいわれている。

さて、二首いずれも志摩ではなく「伊勢の海」と詠われているが、『万葉集』収載の歌が詠まれたのは志摩国が伊勢国から分立していく時期であり、混同されたのは当然のことでもあった。だがこの「伊勢の海女」という、本当は誤った認識は近代以降にも残ってしまう。海女自体だけではなく、志摩の海自体が伊勢と一体化したイメージが付されていたようだ。

伊勢の海の　磯もとどろに寄する波　畏《かしこ》き人に恋ひわたるかも（巻四―六〇〇）

海女は登場しないが、荒波が磯を激しく洗う伊勢の海が表現される。だが、伊勢湾岸は基本的に遠浅の砂浜で、荒々しい磯場のイメージとは程遠い。これも、海女らがなりわいを営む志摩の海を指したものであろう。

この点でも明らかなように、これらの歌を詠んだ都びとたちは、志摩の海も、そこで潜って漁をする海女の姿も実際に見聞している訳ではなく、想像の世界での表現である。だが、海女漁の地を遠く離れた都でも、荒海に身ひとつで潜り鮑を採る海女という存在は良く知られ、このように歌の題材になっていたのである。

清少納言の描いた海女

清少納言《せいしょうなごん》の少々辛口のエッセイ『枕草子《まくらのそうし》』中に、当時の海女漁を描いた文がある。「うちとくまじきもの」と題した第二八六段を取り上げてみよう。「うちとくまじきもの」とは、打ち解けられない、気を許すことができない、くらいの意味である。冒頭は「えせ者。あしと人に言はるる人」で始まるが、本文の大半は、自身の体験に基づく舟旅の危うさが綴られる。穏やかに見えた海が突然荒れて波立ち、舟を揺らす。海の中がどれほど深いかも分からず、小さな舟の上にいると誠に心許ない。陸路の旅も恐ろしさはあるが、地に足が付いている分だけ、まだ頼もしいものである。まともな人は舟路などを使ってはいけない、などと記した後、海女漁について言及する。その部分を見てみよう。

海はなほいとゆゆしと思ふに、まいて、海女のかづきしに入るは、憂きわざなり。腰に付きたる緒《お》の絶えもしなば、いかにせむとならむ。男《おのこ》だにせましかば、さてもありぬべきを、女はなほ、おぼろけの心ならじ。舟に男は乗りて、歌などうち歌ひて、この栲縄《たぐなわ》を海に浮けてありく、危ふく後ろめたくはあらぬにやあらむ。のぼらむとて、その縄をなむ引くとか。惑ひ繰り入るるさまぞ、理なるや。舟の端をおさへて、放ちたる息などこそ、まことに唯見る人だにしほたるるに、落し入れて漂ひありく男は、目もあやにあさましかし。

現代語訳をすれば、次のようになろうか。

海はこのようにとても恐ろしく思えるのだが、ましてや海女が海中に潜って漁をするのは、とても辛いことだ。腰に付けた紐が切れてしまったら、どうしようと言うのであろうか。男がやるのであればまだしも、女ではやはり、気持ちも落ち着かないだろう。舟に乗った男は、歌など歌いながら、海女を結ぶ「栲縄」を海に浮かべて動きまわるが、危なっかしく、後ろめたいと思わないのだろうか。海女が海中から浮き上がる時には、舟からその栲縄を引くのだというが、まごまごして縄をたぐり寄せる様子は、とても見ていられない。海中から上がってきた海女が舟の端に摑まって、息も絶え絶えの様子は、本当にただ見ているだけでも涙がこぼれるほどであるのに、その海女をまた海に落とし入れて、舟の上をぶらぶらする男は、言い表せないほどひどいことだ。

船上の男に対する辛辣な評価は、清少納言の面目躍如たるものがあるが、実際にはこの批判は当たらない。フナド形態の男女協働の意味は後に述べることにしてここでは措《お》くが、海中から浮上した時の様子など、その克明な描写には、清少納言の観察眼に脱帽せざるを得ない。当時の都びとが詩歌に詠う海女は、一般に観念・想像の世界のものに過ぎないのだが、これは実際に海女漁を見なければ表せない内容である。

海女漁をどこで見たのか

『枕草子』のこの記述は、一〇世紀末には男女で営むフナド形態の海女漁が確実に存在したことを示す、非常に貴重なものである。ただし、まだ解決できていない難問がある。清少納言は、海女漁の様子をどこの海で見たのかが分からないのだ。

清少納言の生涯で、志摩半島に赴いた形跡はない。彼女はまだ一〇歳に満たない幼少期に、父の藤原元輔《ふじわらもとすけ》が周防守《すおうのかみ》として現地に赴任する際に同行して四年間を過ごしており、舟旅の恐ろしさを強調した「うちとくまじきもの」全体が、この時に往復した船路の経験に基づくものと思われる。だが、周防国も、都から周防国に至る間の瀬戸内海《せとないかい》の海上のいずこでも、歴史的に海女漁の存在は確認できない。その後消滅したが当時は海女漁が行われていたのか、あるいは父の任地滞在中に、隣国の長門《ながと》国へ赴くことでもあったのだろうか。長門国には由緒ある海女漁の地、大浦（現長門市）がある。だが、周防国国府《こくふ》から大浦に至るには、関門海峡を越えて玄界灘に続く響灘《ひびきなだ》を行く航路となる。比較的穏やかな瀬戸内海とは異なり、この海域では季節風の影響を受け、海上が荒れることが多い。舟旅の恐ろしさを強調する清少納言が、わざわざ大浦まで出掛けたであろうか。

清少納言がどこで海女漁を観察したのかは気にはなるものの、同時代の志摩半島の海では、こうしたフナド形態の海女が発展していたことは間違いない。

平安歌人と「栲縄」

清少納言が海女漁を描写するなかに現れる「栲縄」は、海中に潜る海女の腰に結び付けられた命綱であり、船上の男がこれを手繰って浮上を助けた。現代では耳慣れないものの、平安貴族たちには「長い」「来る（繰る）」「苦しみ」の意を掛ける、馴染みのある言葉であった。

平安中期の女流歌人である徽子《きし》女王《じょおう》の私家集《しかしゅう》『斎宮女御集《さいぐうのにょうごしゅう》』の二二四番と、その返しの二二五番を見よう。徽子女王は若い頃に斎王《さいおう》を務めた後、村上天皇《むらかみてんのう》の女御となったために「斎宮女御」と称されたが、この歌は斎王として伊勢にいた時に、闘病中の六の女御と呼ばれる人との間に交わされた贈答歌《ぞうとうか》である（上代文学の研究者、本廣陽子氏の御教示を得た）。

（一二二四番）たくなはの　くるしげなりとききしより　あまのなげきにわれぞおとらぬ

（栲縄を繰って行う漁で苦しむ海女ではないが、あなたが病気でお苦しみのようだと聞いてから、海女の嘆きに劣らず私も嘆いております。）

（一二二五番）うらとほみ　とひくるあまのたくなはは　しづみながらあはれとぞみる

（伊勢の浦は遠いので、尋ねてくるその海女の栲縄［＝あなたからのお見舞い］を、病気に沈みながら、嬉しく見ました。）

言葉の使い方では、栲縄を「繰る」という表現について贈歌では「苦しい」を、答歌では「来る」とを重ね、意味としては、贈歌は腰に栲縄を付けて潜水漁を営む海女の苦しみと相手の病気の苦しみとを合わせ、答歌では海女の海中へ沈む行為と病に落ちたわが身とをかぶせている。栲縄を付けた海女の苦しみというイメージが、双方に前提となっているのである。

やはり平安中期の歌人である中務《なかつかさ》の歌集『中務集』にも、次の歌がある。

身をすてて　そらかづくともたくなはを　ながくくるひとあらじとぞおもふ

（我が身を捨ててむやみに潜っても、長い栲縄を繰るように、私のところへ永く来る人はいないのだろうと思う。）

ここでも栲縄は「繰る」と「来る」とが掛けられ、同時に「長い」とも結び付いている。栲縄が「長い」と結び付けられるのは、他の歌でも見られるようだ。そして、海女の苦しみと、男に愛されぬ我が身の苦しさとを重ねている。海女をつなぐ栲縄を「手繰る」のが男であることも、恋愛の歌としては良い素材であったのではなかろうか。

清少納言と異なり、「栲縄」を詠った歌人たちは、現実の海女を見ることはなかったであろう。だが、このように詠われるほどに、この時代には潜水漁を行う女性は都びとに知られていた。そしてそれは、栲縄で船上の男とつながったフナド形態の海女であり、これこそが海女漁の典型的な姿とイメージされていたのである。

『宇津保物語』の海女見物

詳細は不明なものの、平安時代に成立した『宇津保物語《うつほものがたり》』の「吹上」（上）のなかには、上巳《じょうし》の日（三月三日の桃の節供《せっく》）に公達《きんだち》が「渚《なぎさ》の院《いん》」に出て「海人、潜き召し集へて、よき物潜かせ、漁夫召して、大網ひかせなど」をして楽しんだ、とある。渚の院とは現在の大阪府枚方市域の淀川《よどがわ》沿いにあたり、今は内陸だが当時は海に近く、惟喬親王《これたかしんのう》の別荘があった場所である。在原業平《ありはらのなりひら》が親王の供で桜見物をした地としても知られている。

さて、『宇津保物語』のこの記載は、後に取り上げる「観光海女」との関わりでも注目される。大網を曳く漁人と対比される「よき物」をかづく「潜き」とは、女性の海女である可能性が高い。だが、この地で普段、実際に海女漁が行われていたとは考えられない。男女の漁民を渚の院に召し寄せ、その漁の様子を公達が見物するという娯楽が描かれているのである。ただし、おそらくは実際に行われた訳ではなく、物語の虚構であろう。『宇津保物語』のなかには、海底に潜る須磨《すま》の海女を取り上げた歌の贈答の場面もある。いずれも実態とは無縁なのだろうが、当時の貴族社会における海女についての認識が示されている。

玉取姫伝説と謡曲「松風」

わざわざ召し寄せて見物する対象の海女は、物語世界でも伝説の一部として転化していく。その代表的なものが、讃岐《さぬき》国志度寺《しどじ》に伝わった「志度寺縁起」（鎌倉から南北朝期頃に成立）に記される玉取姫《たまとりひめ》伝説である。七世紀の末に藤原《ふじわらの》不比等《ふひと》は、父鎌足《かまたり》追悼のために興福寺《こうふくじ》を造営するが、中国の皇帝から送られた宝珠（面向不背《めんこうふはい》の玉《たま》）を、志度浦海底の竜神に奪われてしまう。不比等は志度に渡り、恋仲となった海女の玉藻《たまも》に頼み、宝珠の奪還を図る。海中に潜った玉藻は珠を取り返すことに成功するが、竜神の軍勢に襲われて息絶えてしまう。彼女は乳房の下を切り裂いて珠をその中に隠し、命綱を引き上げる不比等の船まで浮上して命と引き換えに珠を届けたのである。ここで不比等が手にした綱は「栲縄」であろうし、海女と珠との結びつきも、平安歌人が詠んだように古くからイメージされたことであった。

志度寺では現在、境内に玉藻の墓を祀っており、近辺にも玉藻に因む史跡が多い。だが言うまでもなくこれはあくまで虚構の伝説であり、そもそも志度浦、讃岐国に限らず瀬戸内海では海女漁は行われていない。この伝説がどのように生み出されたのかは分からないが、おそらく志度寺に近い立場の者が藤原氏と結び付けて寺の権威化を図った創作ではなかろうか。だがこの話は次第に広まり、幸若舞曲《こうわかまいきょく》の「大織冠《たいしょくかん》」や、謡曲《ようきょく》「海士」が成立することとなる。さらに江戸時代に入ると、歌川国芳《うたがわくによし》が五種類の画を残しているように、浮世絵《うきよえ》の画材として盛んに描かれた。

謡曲としては、「松風《まつかぜ》」も海女との結び付きを持つ作品である。都から須磨に流された貴公子在原行平《ありはらのゆきひら》と、漁村で出会った松風とその妹の村雨との出会いと交わりがテーマで、一三世紀頃の『撰集抄《せんじゅうしょう》』と、平安時代に成立した「あま人」、そして『源氏物語《げんじものがたり》』の影響を受けて作られたとされている。百人一首《ひゃくにんいっしゅ》に収められた行平の「立ち別れ　いなばの山の　峰に生ふる　待つとし聞かば　いま帰り来ん」も、この逸話に因む。だが、松風・村雨の姉妹は、「あま」と表記されるものの、潜水漁に従事する海女ではなさそうだ。行平との出会いは、二人が藻汐汲《もしおく》みに浜へ出ていた時であった。製塩を営む海辺の女性が「あま」と表記されるのは他でも多くみられるのだが、この話も次第に姉妹が潜水漁に従事する「海女」として絵画に描かれたりするように転化していく。

『沙石集』の石見の海女

中世の文学作品や詩歌で「あま」が登場するものの多くは、玉取姫伝説か須磨の松風・村雨に因むものである。だが鎌倉時代の仏教説話集である『沙石集《しゃせきしゅう》』が取り上げた「石見《いわみ》の海女」は、間違いなく潜水漁の海女で、何らかの実話が基になっているようである。石見国の国司《こくし》として赴任した公卿が、石見潟で海女たちが潜水漁をしながら歌う様子を見て、数人を呼び寄せ、酒などを飲ませて歌わせた。逃げ散った海女たちのうちで十七、八歳の者が、一緒に潜っていた仲間たちが召されたことを不安に思う歌を送ると、公卿は感動して紫の衣をひと重ね贈る。だが彼女は次の歌と共に衣を返す。

紫の雲の上着も何かせむ　かづきのみする海女の身なれば

海に潜って漁をする海女の身には、このような上着は無用だと言うのである。公卿はいよいよ思いを深め、妻として父母と共に都へ連れて行き、子供たちにも恵まれた、と。

実際にこのようなことがあった訳ではなかろうが、都から赴任した公家たちが現地で海女を実見し、時に言葉を交わしたことは、想定して良いであろう。

中世の海女漁

中世段階には、文芸作品以外に海女に関する史料は極めて乏しく、その実態を把握することは難しいのだが、古代律令国家の下では御食国として都へ贄《にえ》を貢納していた志摩国の漁村は、中世の早い段階から神宮との関係を深めていったものと思われる。

鳥羽市国崎町に伝わる古文書（『三重県史　資料編　中世2』）中に、天永《てんえい》二（一一一一）年の国崎神戸《くざきかんべ》の国造《くにのみやつこ》が、内《ない》宮《くう》の三祭礼時の御饌料《みけりょう》として、合わせて身取鮑と玉貫鮑を二七束ずつ（外宮《げくう》へは二一束ずつ）、それに甘掻鮑を内宮・外宮それぞれに一二〇個、栄螺一三〇個等を貢進した記録がある。一三世紀中の神宮の庁宣《ちょうせん》でも、国崎神戸から神宮へ御饌を納めるための特権が保障された。

国崎は江戸時代を通して神宮に熨斗鮑を納める村であり、それは現在にまで引き継がれているのだが、他の志摩国漁村が神宮と無関係だった訳ではないだろう。正中《しょうちゅう》元（一三二四）年に神宮は、国崎に対して村の地続きの海域を御饌料納入のための漁場と認定し、安堵《あんど》する旨の文書を発給しているが、そのなかに毎年「御加津木《みかつぎ》」以前の漁を制止する旨が記される。「御加津木」は、江戸時代を通して六月朔日に行われていた、鮑漁の口開《くちあ》け行事としての御潜神《みかづきしん》事《じ》を指すと思われる。そしてこの神事には国崎以外に神島《かみしま》、菅島《すがしま》、答志《とうし》、石鏡《いじか》、相差《おうさつ》、安乗《あのり》の七か村の海女たちが参加するのが恒例であった。

なお、志摩半島以外では対馬《つしま》の曲《まがり》、相模の三崎《みさき》についても、中世段階に海女漁が行われていたことを示す文書が残されている。

二　近世の海女

1　海女漁の実態

海女漁の三形態―カチド、フナド、ノリアイ―

原始社会以来、簡素な道具のみを持ち、身ひとつで潜る海女漁ではあるが、近代以降に三つの新たな装備が導入された。明治前期に伝来した磯眼鏡《いそめがね》と、海女を引き上げる際に用いる滑車（ハイカラ）、そして一九六〇年代に一気に普及したウェットスーツである。なかでも磯眼鏡の使用により、それまでの裸眼で潜っていた段階に比べ、海底の様子が格段に見て取れるようになった。鮑《あわび》を探す上ではまさに革命的な道具であり、志摩半島の村々では採れ過ぎることを恐れ、一時磯眼鏡の使用を禁止することすらあった。導入前後の記憶をまだ辿ることができるウェットスーツはともかく、磯眼鏡や滑車が普及する以前、古代社会から連綿と続いていたであろう海女漁の様子を再現することは容易ではない。日常の漁であるがゆえに特段にその様子を記録する意識もなかったため、文字史料もほとんど残されてはいないのである。

ここではまず、明治前期に三重県が作成した『三重県水産図説』と『三重県水産図解』を手掛かりに、江戸時代の海女漁の形態を推測したい（以下、それぞれ『図説』、『図解』と略記する）。『図説』は、明治一四（一八八一）年に東京上野公園で開催された第二回内国勧業博覧会《ないこくかんぎょうはくらんかい》に際して、三重県が県内の漁業の様相を図入りで紹介したものである。その二年後に、詳細な調査を加えて作成されたのが『図解』で、いずれも県内各地の漁村への実地調査に基づき、漁具・漁獲物・漁業の様子などが緻密な写生画とともに紹介されており、この時期の漁業の実態を知る上で、極めて貴重な資料である。そして海女漁についていえば、幸いなことに磯眼鏡と滑車の普及以前の時期であり、ここから前近

図5　海女の焚き火（『三重県水産図解』より，三重県総合博物館所蔵）

代の海女漁の様相を遡及して良いと思われる。

海女漁の三つの形態、カチド、フナド、ノリアイを描いている『図解』の二枚の絵から見ていこう。図5は、漁の前後に体を温めるための焚き火《たび》の場面である。現在のような海女小屋は、一般には戦後に建てられるようになったもので、当時は海岸で火をおこし、暖を取った。焚き火を囲む女性たちに交じって子守をする子供や、授乳する母親の姿も見られる。大小二種類の桶《おけ》があることにも注目したいが、まずは背後に描かれる海と海女たちを見てみよう。海岸から九名の海女が、大きな桶に両手で摑まりながら泳いでいく様子が描かれる。岸に近い浅い海中で漁をするカチドと呼ばれるもので、漁場に着くと個別の漁となり、桶と我が身とを縄で結んで潜り、獲物を腰に付けた「スカリ」という麻製の袋に入れ、浮上すると桶に摑まって憩《いこ》う。現在では大半の海女がこのカチドだが、『図解』ではカチドについて、まだ若い

図6　フナド海女漁（『三重県水産図解』より，三重県総合博物館所蔵）

初心者が潜水の稽古がてら行うものと説明しており、海女漁の主要形態とは見ていない。

　絵の上方に目を移すと、一人の男（船頭《せんどう》）が操る舟に十数名の海女が乗っている（ノリアイ）。カチドよりも沖合いのやや深い海を漁場とするが、海女が個々に漁をするのは同様である。

　対してもう一枚の絵は、六艘の舟で六組のフナド形態の海女漁が描かれている（図6）。平安時代に清少納言《せいしょうなごん》が活写したように、船上の男と海中に潜る海女と、二人一組で行う漁業形態である。

　船上の男は長い棒状の道具を持つが、これが「引《ひ》き棹《さお》」で、海底から海女が浮上する時に海中へ差し入れ、これに摑まらせて一気に引き上げる。潜水する際には船床を蹴り、海底に落とした碇《いかり》に結ばれた綱を手繰っていくため、カチドやノリアイに比べ、より深く潜ることができ、また海中での作業時間も長くなる。

　引き棹の使用がいつから始まるのか、残念ながら分からないのだが、その普及と共に「栲縄《たぐなわ》」の使用も廃れ、言葉自体も一般に馴染みのないものになっていったのではなかろうか。なお近代以降に「滑車」が普及すると、引き棹に代わって船上から結んだ綱で引き上げるようになり、同時に錘《おもり》を持って潜ることも始まった。

引き棹は戦後もまだ一部の漁村では用いられていたが、民俗資料として現在伝わる引き棹は竹のみでできたものであり、長さも精々三、四m程度である。だが、前近代にはもっと長く、江戸時代の記録では「長四尋《ひろ》」、つまり六mほどもあったようだ。『図説』では二つの「引棹図」を載せるが、一つは全長五間《けん》五尺《しゃく》（一〇m強）、樫《かし》木製の柄《え》を持ち、四〇㎝ほどの鉄製の部分を含む。もう一つの図では、全長は五間だが、樫木の部分は三尺（約九〇㎝）もあった。竹製だけならばともかく、棹自体がかなり重かったはずである。これを用いて海中から海女を引き上げるのは相当の労力を要したことは間違いなく、およそ船上から鼻歌交じりで気楽に行える作業ではなかった。

海女の服装

引き棹を用いた船上の男と海女との連携は後に論じるとして、海女の服装に目を移そう。フナド海女でも船上にいるうちは上着をまとっているものの、海中では頭に手拭《てぬぐ》いと腰に白布をまとっているのみで、上半身は裸体である。これはカチドも同様で、ノリアイ海女もやはり同じであろう。頭の手拭いには、ドーマン・セーマンと呼ばれる魔除けの模様が縫い込ま

図7　菅島の海女の磯手拭い。「セーマン」が縫い込まれている。昭和後期の撮影か。（鳥羽市立海の博物館提供）

図8　菅島のカチド海女。しろんご祭にて，2008年撮影。

れている。

『図解』の説明文によれば、海中から舟に上がった後に桶に入れておいた湯を浴び、頭の手拭いと腰の白布を脱いで衣服を着るという。体を冷やさないための最善の方法であろう。桶の湯は、出漁前の焚き火で石を焼き、その石をいくつか水をたたえた桶に投入して熱湯にし、蓋をして出漁した。カチドが用いる大きな桶に対し、ここで用いる桶は四、五升《しょう》ほどの容量の「小桶」である。湯中の石を手拭いに包んで冷えた体を温めることもあった。陸に上がると再び焚き火にあたる。体温の保持がいかに重要かが分かる。

潜り方と回数

フナドは二〇mくらい潜ることもあるが、カチドは精々一〇mほどだったようだ。潜水時間は個人差があるものの五〇秒から一分程度、浮上して息を整えてまた潜るというサイクルを繰り返すが、その回数は暑中でも十二、三回、温暖な時期で七、八回、寒中は三、四回に止まる。熟練の海女は、焚き火で体を温めた後に再度出漁することもあった（一通りのサイクルを「折《おり》」で数え、二度目の出漁は「二折」となる）。

現代の海女たちが潜る回数に比べてかなり少ないが、それだけ半裸体での漁は過酷なものであったということだろう。なお、文化《ぶんか》元（一八〇四）年に尾鷲《おわせ》組の村役人が和具《わぐ》村（現志摩《しま》市）の海女から聞き取った記録によれば、一〇回から十四、五回潜り、焚き火にあたるまでを一折と呼び、一日に三折までと定めていた。この記録では海中での視界についての言及もあり、空がよく晴れていれば、海中でも「七、八畳敷」くらいの広さは一目で見渡せるが、曇ったり日が落ちたりすると海底も暗くなりよく見えないという。磯眼鏡普及以前の様子が分かる貴重な記録だが、視界が十分ではない条件下でも『図解』によれば、一回の潜水で熟練海女は五、六個の鮑を取って来て、一日の出漁で通常は二貫目から五貫目（七・五kg～一九kg弱）ほどの漁獲があるというのだから、当時の資源の豊富さに、現代の海女さんたちのうらやむ声が聞こえてきそうである。

海女漁における男女分業

さて、海女漁の最も発達した形態であるフナド海女について、特に舟上の男との「分業」の様子を見てみよう。清少納言は、危険を冒して息も絶え絶えに潜る哀れな海女に対し、男は鼻歌交じりの呑気な様子であると憤慨しているのだが、その評価はあたっているのであろうか。

『図説』『図解』の説明では、海女が海中に入ると同時に船上の夫（父親のこともある）は、片手に櫓《ろ》を持ち、もう片手には碇《いかり》の綱を取って、段取りを考える。その後、引き棹を手にし、碇の綱を足の指に挟んで海中の様子をうかがい、海底の海女が綱を引いて合図をすると即座に引き棹を入れ、海女がそれを摑むや否や、力を込めて引き上げる。この引き棹の操作を誤ると海女が命を落とすこともあり、ゆえに気心の知れた夫婦や親子でなければ、コンビを組めないのだという。フナド海女漁における男の果たす役割の重さは、近代以降の民俗調査などでも、当の海女たち自身が強調していることである。海女漁は、決して女性だけで成り立つものではなかったのだ。

櫓を持ち、舟を操るのも、容易なことではない。先に見た文化元（一八〇四）年の尾鷲組村役人の和具村海女聞き取り記録では、舟一艘に男二人が乗り組み、引き棹を遣う者と漕ぎ手とで、役割を分担している。陸地の形状を目印に漁場まで舟を漕ぎ、潮に流されないように操ることに加え、引き棹で一気に海女を引き上げることも、体力に勝る男の方が適していた。一方で、皮下脂肪の厚い女性は、寒さに耐える能力という点では男よりも優れている（小林庄一『人と潜水―水環境への適応―』）。そのことは、一九六〇年代以降にウエットスーツが普及した後は、耐寒力の男女差が解消されたがために、男アマ＝海士が増加したことにも表れている。

要するにフナドという海女漁は、男女のそれぞれの能力を活かした分業形態なのである。前近代の第一次産業の場では、妻が夫と共に働くのは珍しいことではなかったが、フナド形態の海女漁は男女の役割分担が高度に発達した、そして歴史的に最も古く確認できる「男女共同参画」なのだといえよう。

だが、『図解』は潜水漁の主な担い手が女性であることについて、別の理由を挙げている。女性は呼吸が長い上、自分の力量を弁《わきま》えて浮沈するために過ちが少ない。しかし男子は「勇気に過ぎ」、呼吸が尽きようとしてもどん欲に獲物を捕ろうとするため、しばしば事故を起こす。そのため男の潜水漁を一切禁止したのだ、という。江戸時代の志摩漁村にも、多くはないものの男の潜水漁は存在した。この禁止措置がどの村での事例なのかは不明だが、興味深い見解である。とは言うものの、どん欲か慎重かという点で性差があるというのは疑わしく、私は基本的に生業全体の分業構造に起因するのだろうと考えている。

海女漁の収益

さて、海女漁が盛んな志摩半島の漁村でも、当然のことながら他の漁業や産業も存在する。そのなかで海女漁はどれほどの比重を占めていたのだろうか。

鳥羽《とば》城下から十数㎞ほど南にある石鏡《いじか》村が、明治四（一八七一）年に廃藩直前の鳥羽藩に提出した明細帳（村の概要を領主に報告した文書）には、村高や年貢《ねんぐ》諸役《しょやく》のほか、産物とその過去五か年の平均販売額が列挙されている。金額を見ると米は二四五両、麦一〇〇両、薩摩《さつま》芋《いも》一二五両で農業生産額は計四七〇両に止まる。一方、海産関係の生産額は三三五〇両と圧倒的に上回り、職人稼《しょくにんかせ》ぎの収入七〇〇両を含む全体額のうち約四分の三を占める。その内訳は、一般の漁業として海老《えび》網三〇〇両、鰹《かつお》五三〇両、名吉《なよし》（ボラ）三〇〇両、それ以外の雑魚一五〇両となっている。そして鮑は一二〇〇両と最高額を示し（全体の四分の一）、荒布《あらめ》三〇〇両、それ以外の海藻類が七五〇両、海鼠《なまこ》二〇両で、海女漁業の獲物に関する分が計二二七〇両にのぼり、海産物のなかではほぼ三分の二、全体でも約半分を占めている。石鏡村は海と山が迫り耕地が少なく漁業に依存する度合いの高い村だが、特に海女漁の比重が高いことが分かる。時代が二〇〇年ほど遡るが、延宝《えんぽう》七（一六七九）年の古文書によれば石鏡村に居住する女性一三〇人のうち海女は八〇名とあり、高齢者と乳幼児を除く女性のほとんどが海女であったことを推測させる。

漁村の海女舟

一九七〇年頃から八〇年代にかけて、志摩地域に残る古文書類を精力的に調査された中田四朗は、村明細帳中に記される「ちょろ舟」「さっぱ舟」などの長さ二、三間（四、五m前後）の小舟を海女漁業に関わりの深い舟ととらえ、志摩国内の二〇の漁村について保有する舟数とそのうちの小舟の割合を示した。明細帳類には、小舟を「蛋舟」「海士仕舟」などと表記することもあり、小舟の比率で海女漁、特にフナド海女漁の傾向を探ることは有効であると思われる。なお、中田が用いなかった他村のデータを含め、三〇の浦村ごとの舟の所有状況と人口、家数、村高などを整理した（表1）。

志摩国全体では舟は一八六四艘にのぼり、そのうちチョロ舟など海女漁に用いたと推定できる小舟は一四四一艘と、八割近くを占める。家数と照合すると、ほぼ三軒に一艘強の割合で小舟を所持していたことになる。家数に対する小舟の所持率は、村によっては八割を超え、五割以上、つまり村内の半分以上の家が小舟を持つ村も九か村を数える。特に現在でも海女漁が盛んな鳥羽市の離島三島や南鳥羽と総称される地域の数値が高い。一方、現志摩市域における海女漁の中心地先志摩《さきしま》半島の村々は、必ずしも小舟率は高くない。これは、廻船《かいせん》の拠点でもあった先志摩半島では漁船以外の舟も多く、漁業以外の稼ぎに従事する者たちが少なからずいたためであろう。

難船と海女

非常時のことではあるが、海上の船が難破した際にも海女が活躍した。江戸時代初期の慶長《けいちょう》一四（一六〇九）年九月に、スペイン領フィリピンから母国メキシコへ戻る途中のサンフランシスコ号が、房総半島沖で座礁してしまう。その際に、海女漁村で知られる御宿《おんじゅく》の女性たちが三〇〇名以上の船員を救助した事件は、近代以降に至るまで長く語り伝えられた。志摩半島では江戸時代中の事例は確認できないが、明治四四（一九一一）年一一月に的矢湾《まとやわん》入り口の菅崎《すげざき》海岸で駆逐艦《くちくかん》春雨艦が沈没した時には、相差《おうさつ》村と安乗《あのり》村の青年団と、三五〇名余の海女たちが救助活動に従事した。引き上げられた溺死体を、自らの裸体で温めて蘇生させようとした海女の美談が、地元の有力紙『伊勢新聞』に

表1　志摩漁村海女舟率

享保11（1726）年指出帳				延享3（1746）年			享保11年		2013年		
村名	船数	小舟数	小舟数／船数	家数	小舟／家	人数	石高	石高／人数	海女惣数	フナド	ノリアイ
1 堅神	4	4	**100%**—	72	*6%*	365	307	**0.84**	0		
2 小浜	52	25	*48%*—	124	*20%*	522	107	*0.2*	1		
3 神島	70	66	**94%**	137	**48%**	593	11	*0.02*	45	1	12
4 答志	250	205	82%	278	**74%**	1212	356	*0.29*	88	?	?
和具(答志)									62	2	60
5 桃取	127	98	77%—	130	**75%**	653	103	*0.16*	2		2
6 菅島	62	45	73%*	102	**44%**	403	104	*0.26*	105	3	78
7 坂手	128	85	66%—	153	**56%**	695	71	*0.1*	0		
8 安楽島	48	46	**96%**—	124	37%	707	585	**0.83**	10		6
9 浦村	132	103	78%—	168	**61%**	954	551	0.58	5		
10 石鏡	94	86	**91%***	103	**83%**	571	94	*0.16*	85	3	37
11 国崎	36	33	**92%**	59	**56%**	312	167	0.54	62	7	
12 相差	101	89	**88%***	155	**57%**	796	846	**1.06**	133	13	
13 畔蛸	33	32	**97%**—	53	**60%**	282	101	*0.36*	6	6	
14 千賀	18	11?	——	28	—	128	45	*0.35*	5		
15 千賀堅子	9	5?	——	?	?	?	55		3		
16 安乗	47	38	81%	271	*14%*	1088	305	*0.28*	22	1	7
17 国府	23	7?	*30%*	189	*4%*	916	1370	**1.5**	2		
18 甲賀	39	20	*51%*	231	*9%*	1109	1291	**1.16**	31		10
19 志島	65	59	**91%***	123	**48%**	586	223	*0.38*	20	2	13
20 畔名	20	13	65%	71	*18%*	378	79	*0.21*	16	1	3
21 名田	19	13	68%*	63	*21%*	333	134	0.4	7	1	2
22 波切	79	30	*38%*	241	*12%*	1356	909	**0.67**	23	4	4
23 船越	55	41	75%	141	29%	753	205	*0.08*	36	5	3
24 片田	121	94	78%	294	32%	1461	561	*0.38*	53		29
25 布施田	68	61	**90%**	170	36%	937	358	*0.38*	40	6	10
26 和具	50	35	70%	210	*17%*	954	539	0.56	67		14
27 越賀	17	15	**88%**	154	*10%*	710	470	**0.66**	18		
28 御座	16	14	**88%**	80	*18%*	416	183	0.44	21	1	12
29 浜島	120	104	87%	193	**54%**	924	363	*0.39*	10	10	
30 南張	17	16	**94%**	99	*16%*	353	206	0.58			
総計（平均）	1864	1441	76%	4020	35%	19580	10285	0.49	978		

船数は中田四朗「近世の志摩における海女と伊勢の御師」掲載の表を基に作成。「*」は中田氏の数値と違うもの。「—」は中田氏未見分。三か所は不明。国府のデータ及び家数，人数は地名辞典の記載に基づく（家数，人数は「鳥羽領内村々禄高調」）。石高は斗以下を四捨五入した。パーセンテージの部分で**太字**は平均値の2割増，*斜字*は2割減の数字を示す。「2013年」の数値は，平成24・25年度に三重県教育委員会が実施した調査成果に基づく（『海女習俗調査報告書』三重県教育委員会）。

報じられている。なお、男たちは船上から水中眼鏡で探索し、潜水しての作業は専ら海女が担当したという。

人命救助に活躍したのは江戸時代も同様だったと思われるが、浦村の経済にとって大きかったのは、海底に沈んだ船の積み荷の引き上げである。江戸幕府法の規定により、難船荷物を引き上げて入札に掛けた場合には、濡れた荷物は代価の一〇分の一、浮き荷物はその二〇分の一を、浦村に支払うことになっていた。穀物などは海水に浸かると、速やかに売却しなければ腐敗するため、その地で入札に掛けられるのが通常の措置であった。数千俵の幕府年貢米を積載した御城米船《ごじょうまいせん》を始め、上方《かみがた》の物資を江戸に運ぶ樽廻船《たるかいせん》、檜《ひ》垣廻船《がきかいせん》など大規模な船が行き来した海域では、入札額も大きくなる。文化一一（一八一四）年に先志摩半島の越賀《こしか》村《むら》沖で、伊勢《いせ》神宮《じんぐう》の御師《おんし》宛ての荷物などを積んだ大坂の商船が難破した際には、落札代金の総額は五六四両にのぼり、村は四一両余を受け取った。荷物の引き上げ作業は二日にわたって行われたが、多数の地元海女が従事したことであろう。海底の魚貝相手の漁をするよりも、確実に「収益」があがったはずである。海女が少ない浦村では、難船が発生した際に外部から海女を雇うこともあった。

元文《げんぶん》二（一七三七）年閏《うるう》一一月に摂津《せっつ》国御影《みかげ》の文右衛門船が難破した時に、越賀村では潜水作業の労力を外から雇っている。当初は自村の海女たちで探索していたが、岩の間に落ちていた碇は海女たちの力では引き上げられない。そこで荷主とも相談の上で、答志《とうし》郡《ぐん》安乗村の「男海士」三名を雇い入れて引き上げたという。越賀村と安乗村との間には一〇ほどの海女漁村があり、当時男の潜水漁が決して一般的ではなかったことを窺わせる。そして肝心なことは、越賀村を含め漁業が盛んな村にあっても、海底に潜って作業ができるのは海女（海士）たちだけであり、一般の漁民にはなし得ないことであったという事実である。それゆえに、同じく難破船が多く発生した熊野《くまの》灘《なだ》においては、沈んだ荷物を潜って引き上げるという作業は見られないのだ。

海中探索の海女

寛政《かんせい》一一（一七九九）年六月のこと、時の一一代将軍徳川家斉《とくがわいえなり》の要望を受けて、紀州《きしゅう》藩が領内の浦村に珊瑚《さんご》珠《じゅ》の探索を命じた。奥熊野《おくくまの》の尾鷲《おわせ》組《ぐみ》では船上から磯の珊瑚を掻き取るための道具を作り採取を試みるが、なかなかうまくはいかない。最終的には土井嘉八郎という尾鷲組内の有力者が、志摩国和具村（越賀村の隣村）から海女を呼び、潜らせている。残念ながら、贈答品になるような珊瑚珠は見つからなかったのではあるが。

その五年後の文化元（一八〇四）年には、木本組の二木島浦《にぎしまうら》（現熊野市《くまのし》）で発生した盗難事件の吟味のなかで、代官の指示により湾内の海底の探索が行われた。嫌疑を受けた尾鷲組南浦の林蔵という者が、盗品の「金箱」は海の中へ捨てたと答えたからである。この時も尾鷲組大庄屋《おおじょうや》役人らの計らいで和具村のくに、さん、はるの三人の海女と「才《さい》領人《りょうにん》」善兵衛を呼び寄せた。初日は四、五回潜らせたものの、海底が暗くはっきりと見えなかったために翌日も行い、いったん志摩に戻った海女を再度呼び寄せて、さらに三日にわたって探索させている。

湾内の深さは一〇尋から一二尋とあるから一五〜一八ｍほどであろう。こうした海底まで泳ぎ、潜るのは、漁業が盛んな熊野灘沿岸地域の住民でもなし得ぬ、特殊な技能だったのである。

石鏡村海女の年間暦

天候や季節などの自然条件に強く規定される漁村では、なりわい自体が多様であり、女性の働き方も潜水漁に限定されてはいなかった。潜水漁の獲物にしても鮑に限らない。年間を通した彼女たちの働き方を、村々が領主に提出した村勢一覧、明細帳類の記載から見てみよう。

志摩の村びとたちの年間暦が分かる最も古いものは、現在のところ南鳥羽の石鏡村で延宝九（一六八一）年に作成された文書中の次の箇条で、季節ごとの漁と加工・販売の仕方が書き上げられている。

一、漁場　北ハないかま落より南ハ境《さかい》ノ浜迄

右ノ磯筋ニて春中ハ若布甘苔《わかめあまのり》ひしき何ニても海草取上ケ、川崎《かわさき》ニて売申候、但シ楯網《たてあみ》ニて海老藻魚不寄何小魚取申、二月ノすへより三月中ハ名吉ヲ心懸申候、夏中より秋中鮑栄螺《あわびさざえ》あらめ鰹ヲとりニ出申候

荒布之義、従前々京伏見《ふしみ》商人ニ年々金子《きんす》借用仕ニ付売申候、鮑ハ諸商人ニ売買仕、時々ハのしニ廻し申候

冬中ハ楯網名吉ヲ心懸申候、但シ女子共ハ浦村当村大領ニて柴《しば》ヲこり川崎ニて売申候

石鏡村の漁場は、北は「ないかま落」(鍋釜落)と呼ばれる断崖を浦村との境とし、南は国崎村の浜までの間である。磯場《いそば》では、春のうちは若布、甘海苔、鹿尾菜《ひじき》などの海藻を刈り、夏から秋にかけては鮑、栄螺と荒布を取る。鮑は歴史的にも現在も海女漁を象徴する獲物で収益も大きいが、年間を通して見ると海藻類の比重が高く、その傾向は江戸時代後期になるとさらに強まっていく。一方、男たちは沖合いで、春には楯網で海老や小魚を取り、夏は鰹漁に出る。冬と二月末から三月にかけては名吉(ボラ)を目指す。

注目されるのは、冬の名吉漁の時期に、「女子共」は浦村との境の山地で柴刈りをする、としている点である。志摩の海女漁村で暮らした女性たちにとって、山仕事は重要ななりわいのひとつであった。季節に限らず風が強く波が高い時には、海に入るのを避けて陸地で働くのだが、山で薪《たきぎ》や柴を刈るのは、海に入る前後に体を温める燃料の確保のため、海女漁に不可欠であった。そして余った分は伊勢《いせ》の河崎に出荷される。伊勢神宮の御師たちは参宮《さんぐう》客向けの料理を作るための燃料を必要とし、志摩からのみならず熊野灘沿岸からも大量の薪や柴が運び込まれた。

獲物の販売先としては、柴と同様に春先の海藻も伊勢の河崎へ出荷されるが、鮑はさまざまな商人に売り、そして荒布は京都伏見の商人からの前貸しを受けて販売されている。

ほぼ同時期の貞享《じょうきょう》三（一六八六）年の先志摩半島にある越賀村の同様の記録と、海女漁に関わる部分を比較してみよう。磯漁として春先は海藻、夏には鮑と荒布を取るというのは変わらない。夏の間に六、七日は、真珠玉（アコヤガイ）を採る漁にも出た。ただし春先の海藻は「夫食《ふじき》」、つまり自家用の食料としており、また鮑は熨斗《のし》に加工して宇治《うじ》・山田《やまだ》の商人に売るとする。荒布はやはり先貸しを受けて、越賀村では大坂の商人に独占的に買い取らせていた。

男女漁民の年間暦

男女の分業と漁期との関係について、越賀村の隣村、和具村に残された宝永《ほうえい》七（一七一〇）年の「指出帳」中の箇条を検討してみたい。

一、海士、是ハ春夏中者在所ニ而海士仕候、夏之内前海ニ、波立申候得者後浦江海士ニ入、真珠貝取申候、八月より十月迄之内紀州様御領内江先年より御暇申請旅海士ニ参候、人数年ニより多少御座候、海士罷帰り候節御城主《じょうしゅ》様江先年より熨斗弐把《わ》宛差上ケ申、代銀不被下候御事

一、漁師、是ハ春夏中ハ在所ニ而諸漁仕候、夏之内ニ先年より御暇申請三州鰯網《いわしあみ》ニ被雇参候者も御座候、八月より来二三月迄紀州之内江鯨船《くじらぶね》ニ被雇、前々より御暇申請参者茂御座候、十月より来正月迄紀州之内江先年より御暇申請海老取ニ参候、冬中ハ来正月迄在所ニ罷有候漁師後浦ニ而生海鼠引申候御事

鮑や真珠貝を取る「海士」と網漁を行う「漁師」とが対比して記されており、ここでの「海士」は、女性の潜水漁業者を指していると考えて間違いない。「海士」は、夏の間は太平洋側に面した「前海」でおそらく鮑漁をするが、浪が荒い時には「後浦」（英虞《あご》湾《わん》内）で真珠貝を取る、としている。さて、共に春と夏には在所で漁をするが、八月以

降に「海士」は紀州藩領（熊野灘）に「旅海士」に赴き、「漁師」はやはり紀州藩領の鯨漁に、さらに一〇月以降には海老取りの出稼ぎに行く、とする。

獲物の季節変動に因るだけでなく、村が祭礼行事で漁期を区切ることもあった。漁業は農業や林業に比し天候の影響を受け易く、生命の危険も多い上に、漁の豊凶は人為の及ばぬ領域である。それゆえに漁民たちは一般に神仏への信仰が篤く、生業と結び付いた形での祭礼行事が熱心に執り行われる。海女漁についても、魚種ごとの「口開け」「口締め」は多くの浦村で神事として行われ、現在に続いているものが少なくない。そしてこのように漁期を区切ることが、結果として資源の管理にもつながっている。

明細帳などではあまりに当たり前のことであるためか記されないものの、海女たちは日常的に農耕作にも従事した。現在の志摩漁村では田地は極めて少ないが、それは近代以降に荒廃したためで、江戸時代の景観は大きく異なったはずだ。全国各地の漁村で半農半漁という形態を取るところは多いが、志摩漁村にあっては、田畑の耕作を女性労働に頼る面が強かったようである。男たちが長期間の廻船乗りなど、出稼ぎに行くことが多かったためであろうか。

志摩漁村から出稼ぎに赴く時、男は漁業や廻船、それに船大工など海の生業に関わるものが中心だが、女たちは伊勢国内への稲刈りなど農業の出稼ぎにも盛んに赴いている。海女漁は一般の漁業以上に天候に左右され、出漁できない日が多いだけに、海女たちは潜水漁以外に海陸での多様ななりわいを営んだのである。海女は、潜水業を専業とする職業なのではなく、漁村に住まう女性がさまざまに働くなりわいの一つと考えた方が実態に近く、また将来に向けた海女文化の存続にもつながるように思う。

海女漁の漁場争論

江戸時代の社会は、村が人びとの共同生活の基盤であり、領主支配の単位でもあったために、村役人の下で文書が作成・集積され、古文書として現在にまで伝えられた。そして、一般に漁村においては、農村や山村《さんそん》に比し古文書の残存量が多い。漁業を営む海上は、その権利を区画することが難しく、地租《ちそ》改正《かいせい》により土地の私有化が徹底された後にも、海の漁業権は個人の私有に分割されることなく、共同体の権利として漁業協同組合が受け継いでいった。江戸時代に獲得された海に対する権利は現在まで生き続けているのであり、その根拠となる文書を大事に保存する意識が強かったのだ。それらの古文書のなかには、近隣の漁村同士で漁業権を巡り激しく争った記録も少なからず残される。双方の言い分のなかに漁業の形態が詳細に記されるため、磯の漁場をめぐる争論文書から、海女の姿や海女漁の特質を見出すこともできる。

一七世紀の半ばの明暦《めいれき》二（一六五六）年、志摩国の最西端に位置する南張《なんばり》村と、その東に隣接する浜島《はまじま》村との間で争論が発生した。浜島村の村役人から鳥羽藩の奉行《ぶぎょう》に宛てた願書の冒頭では、争論の発端について次のように述べる。

一、海士と申候ものは　かつきに出候而ハ浜へあがり火を焼あたり不申候てハかつぎ成不申候、就は先規よりおばべたの磯へ浜島村より海士かつぎに参り候而ハおばべたノ浜へあがり火をたきあたりきたり申候所ニ、今度南張村のもの共新儀をたく多人数催し参り、海士とない之もの共散々に打擲《ちょうちゃく》いたし、乗舟三艘并小道具共打《うち》わり申候義、何共迷惑仕候御事（山崎英二編『志摩国近世漁村資料集』）

浜島村の「海士」（海女）たちが漁に出て「おばべた」の浜で焚き火にあたっていたところ、南張村の者たちが大勢で押し寄せて「海士」と「とない」（＝トマエ。船頭）たちを散々に打ち叩き、舟三艘と道具類を破壊した。浜島村の村役人たちは、「海士」というものは、時々は浜へ上がって火にあたらねば「かつぎ」（潜水漁）を営めず、これまでも「おばべた」浜でそのようにしてきたのに、今回南張村の所業は理不尽だ、と主張する。

ただし「おばべた」の磯は南張村の地先《ちさき》であり、浜島村は境界の岬を越えてここへ漁に来て、体を温めるために浜辺で焚き火にあたっていたことになる。南張村としては、自分たちの漁業を守るべく、浜島村漁民の「侵入」を咎《とが》めたのであろう。

浜島村にしても、「おばべた」の浜が南張村の領域であることは承知していた。だが、南張村はもともと漁業権を持たない村で、鳥羽藩政初期に地引き網一帖を買得し、地先漁業だけが認められた、とする。海女漁に関しては「かちにてのすな取計」、つまり「カチド」での磯漁のみが許され、沖合いで舟を用いる「フナド」の海女漁は浜島村こそが占有することを主張した。そのため、浜での焚き火も当然認められるべきであった。

この時の裁許記録は残されていないが、九年後の寛文《かんぶん》五（一六六五）年に作成された両村の漁場を定めた覚書《おぼえがき》によれば、浜島村側の主張が容れられたようだ。「おばべた」での漁について「桶かつぎ其外磯物取候儀」は、前々からの慣例で南張村が行い、一方で沖合いは浜島が漁をすることとしている。「桶かつぎ」とは舟を用いず海女が個々に大きな桶に摑まり岸から泳いで漁場へ赴く海女漁、すなわちカチドを指す。

一般に漁村では、土地の延長上の海域は占有《せんゆう》とする地先漁業権が保障され、沖合いでは入会《いりあい》となる。その場合、地先と沖合いの境界がしばしば争論の焦点となり、陸地からの距離や竿が海底に届くまでとするなどして線引きをするのだが、南張村と浜島村との争論では、舟の使用の有無で区分がなされた。カチドとフナドという海女漁の形態の違いが、ここでは漁業権域の区分と結び付いている点が面白い。

磯場続きと境界

次に宝暦《ほうれき》一一（一七六一）年に先志摩半島で隣接する布施田《ふせだ》村と和具村との間で争われた訴訟記録を見てみよう。

宝暦九年六月に布施田村の海女たちが「あざみ磯」と呼ばれる磯で若布を採っていたところ、和具村から数十艘の舟に乗って大勢の者たちが押し寄せ、雑言を浴びせた上、舟一四艘を和具村まで引き取るなどの狼藉《ろうぜき》を働いた。和具村は「あざみ磯」を別の名称で呼んでおり、ここは自分たちの漁場だと主張していた。一一月には近隣の御座村、越賀村、片田村、船越村の庄屋《しょうや》たちが調停に乗り出すが、解決は付かず、翌年二月に大庄屋小村武太夫の関係者と思われる小村金蔵が出役《しゅつやく》して、四か村の庄屋たちと共に問題の磯場を見分することになった。

和具村は「あざみ磯」という呼称を認めず、「まぜ」と呼ぶ自分たちの磯場に連続するとするが、一方で布施田村は、問題の地は「小島磯」という自村の磯場の一部であり、「海底一面ニ相続候磯」であって和具村の磯とは隔たる確かな「間限」があるのだ、と主張した。多くの漁場争論では、陸上の山や大木、新たに立てた杭《くい》などを目印として、海面に境界が設定される。だが海女漁の磯漁場では、海底の磯が連続しているか否かが、権利を主張する重要な論点になっているのである。一般の漁場争論とは異なる論理が適用されている点に、海女漁の独自性、また漁村経済における比重が表れている。なお、布施田村では過去の難船事件への関与を主張しており、海難救助と海への権利との関連も興味深い。

2　海女漁獲物の流通

幕府の海産物政策と鮑漁

志摩半島の海女が採る鮑や漁獲物は、その一部は加工され、伊勢や参宮街道沿い、あるいは上方商人によって買い集められていった。自給自足段階ならばともかく、一定の商品流通が発達した社会の下で漁業というなりわいが成り立つためには、漁獲物の販売先が確保されなければならない。実はこの点では鳥羽・志摩の海女漁は他地域に比べ有利な条件に置かれていたのであるが、まずは江戸時代において海女漁の産物がどのように流通し、消費されていたのかを見ていこう。

古代社会に献納物として都に送られ、御饌《みけ》として神に捧げられてきた鮑は、当然のことながら江戸時代でも贅沢品であり、庶民が気楽に食べられるものではなかった。産地の周辺や都市社会での特別な消費対象であったと思われる。文化九（一八一二）年一一月、大坂町中に対し、長崎貿易品である煎海鼠《いりこ》と干鮑《ほしあわび》を市中の料理屋などが客に提供し、また町家でも普通の魚類と同様に扱い、調理していることを咎める触が出されている。だがこれは先例に基づいて命じられたようで、これ以前から鮑を食することは原則として禁じられていたように思われる。

これがどの程度厳密に、社会一般に徹底されていたのかは分からないが、そもそも高価なものであり、熨斗鮑は贈答品として一定の流通を見たものの、生の鮑は庶民には日常生活に身近な食ではなかったであろう。

輸出品となった海産物

幕府が鮑の流通を統制したのは、海外への輸出品として重要視されたためである。江戸時代前期には長崎貿易を通して、生糸《きいと》や砂糖、朝鮮人参《ちょうせんにんじん》等の薬種が盛んに輸入されたが、当時の日本は輸出品に乏しかったため、初期には大量の金銀、次いで銅《どう》によって支払われるばかりであった。一八世紀の初めに将軍侍講《じこう》（顧問）として改革政治（正徳《しょうとく》の治《ち》）を断行した新井白石《あらいはくせき》は、江戸幕府の成立以来、金貨の四分の一、銀貨の四分の三が交易によって海外へ流出したと計算している（これは、必ずしも実態とは合わないとされているが）。

元禄《げんろく》一〇（一六九七）年に長崎会所《ながさきかいしょ》が設立された頃から、異国船の制限などの輸入規制と、輸入に頼っていた生糸等の国産化の推進、そして輸出品たりうるものの生産を奨励する政策がとられていった。

以後輸出品の中心となったのが俵物《たわらもの》三品、すなわち中華料理の高級食材としての干鮑、鱶鰭《ふかひれ》、煎海鼠であった。鱶鰭はともかく、海鼠も海女漁で取ることがあっただろう（今は海女漁の重要な獲物のひとつだが、江戸時代にどの程度海女が取っていたのかは、実はあまりはっきりしない）。後に「俵物諸色《しょしき》」として加わる寒天《かんてん》を含めれば、当時の貿易品と海女漁とが深く関わっていることは歴然である。そして、この幕府の貿易政策によって、鮑は干鮑に加工して大坂の問屋《といや》に集積され、長崎に送られることが求められた。

干鮑の驚きの値段

干鮑は、現在も伊勢神宮の神饌《しんせん》として用いられるが、売り物の食用品を目にすることはほとんどない。その製造法と、驚くべき流通の実態を、境一郎『一個52万円のアワビ文化―環境立国日本をめざす海からの提言―』から見てみよう。

干鮑を作るには、まず殻から身を外して肝を取り、丸一日塩漬けしてから茹《ゆ》で、その後に天日で乾燥して作るのだが、できあがるまでに三か月ほどかかり、重量はもとの一〇分の一程度になる。乾燥させることで長期の保存と遠隔地への輸送が可能になる。そして調理時には、まず茹でて元の大きさに戻す（重量は二倍になる）のだが、これには三日から五日ほどかかり、中国では「戻し屋」という専門の職人が存在するほど慎重な作業を要する。大事なことは、干して戻すことによりアミノ酸、イノシン酸が増し、風味が良くなる点である。これは煎海鼠や鱶鰭、寒天なども同様で、さすがは中華三千年の中国料理の知恵というべきであろうか。干鮑などの俵物三品は中華料理の高級食材で、魚の浮袋と合わせて「四大海味」とも呼ばれるそうだ。そして現在も中華料理の世界において干鮑の九割は日本産であり、同時に日本で生産される干鮑のほとんどは中国へ輸出される。

驚くべきは、その価格である。kg単位で一三万円から一四万円が相場《そうば》で、四大海味のなかでも圧倒的に高い。大型ほど人気で、大クロアワビだと単価が一〇〇万円以上にもなるという。特大のマダカアワビを加工した二七三gの干鮑が、中東の中華料理店で一〇〇〇万円の値段が付いたというのだから、もはや呆れるほかない。これはオイルマネーによる王族の贅沢であろうが、日本でも銀座の高級料理店で一g二〇〇〇円（すなわちkg単位では二〇〇万円）という数字を、ホームページで見たことがある。金よりも重量単価が高いのである。私たちが干鮑を店頭で目にすることがないのは、当然であろう。なお、中国では不老長寿の食べ物として、一生に一度は干鮑料理を食べる風習があるとのことである。

ただし、これら干鮑の驚くべき世界は、志摩半島の海女文化とはあまり関係がない。志摩半島で水揚げされた鮑の大半は、俵物として中国に出荷されることはなく、ゆえに干鮑にも加工されなかった。それは、近くに伊勢神宮が鎮座し、参宮文化のなかで鳥羽・志摩の海女たちが採る鮑が消費されたからである。

3　伊勢参りの広がりと海女

神宮御師と鮑

江戸時代の志摩漁村の経済的な成り立ちは、伊勢参宮の隆盛と無関係に論じる訳にはいかない。古代律令制《りつりょうせい》のもとでは「御食国《みけつくに》」として魚介を貢納する役割を担っていた志摩漁村は、次第に神宮との関わりを強めていった。だがそれは、御饌の貢納や儀式《ぎしき》を通した神宮自体との関係にとどまらず、それ以上に諸国から神宮を訪れる参宮客によって生み出された参宮文化と密接につながっていく。

通常の年で年間四、五十万人、約六〇年を周期に起こった「お陰参り《かげまい》」の時には最大で五〇〇万人にのぼる参宮客により、江戸時代の神宮門前町《もんぜんまち》、宇治・山田は一大消費都市となった。しかもその消費は、旅という非日常の局面であるがゆえに、すこぶる贅沢なものだったのである。

そもそも庶民の旅が一般化するのは江戸時代に入ってからであり、しかも建前上は娯楽を目的とする旅は認められていなかった。道中を行き来する際の身分証明書、「往来手形《おうらいてがた》」で旅の理由として掲げられるのは、近場を中心とした湯治《とうじ》か、さもなければ寺社参詣《さんけい》であった。全国各地にある寺社のなかで、江戸時代になぜ伊勢参宮が旅の中心地になったかといえば、ひとつの要因に神宮の御師《おんし》と呼ばれる神主《かんぬし》たちの働きがある。彼らは全国を「檀那場《だんなば》」として分割し、担当地域の住民らに「伊勢講《いせこう》」を結成させるなどして参宮を呼び掛け、伊勢に訪れた時には自宅に泊め、参宮案内を務めたのである。彼らは神宮の神主としての属性を有しつつも、旅籠屋《はたごや》的な役割、旅行業者としての働きを持っていた。

御師宅では神楽《かぐら》をあげさせると共に、豪勢な料理を振る舞い、参宮客をもてなした。「お伊勢さん」の素晴らしさ、ありがたさを伝え、伊勢講の仲間たちを次の参宮に招くための仕掛けである。旅人の伊勢での支払いは「神楽料」「御供料《ごくうりょう》」など、いわば信仰対象の名目であり、しかもそれは一括して納められた。これも、贅沢な支出を躊躇なくさせる工夫ともいえよう。諸国から訪れた農民たちは、普段の慎ましい食事とは比較にならないほど山盛りされた山海の珍味に感激し、大量の土産物と共に、故郷の仲間への旅の思い出話として伝えていった。

参宮客が食べた鮑

どのような食事が出されたのか、参宮客が書き残した旅日記「道中日記」から見てみよう。この「道中日記」とは、個人の楽しみのために作成されたものではなく、伊勢講の仲間への報告書的な性格を持っていた。

御師宅での御馳走の定番となった食材は、鯛《たい》、鮑、海老、名吉（ボラ）の四種の魚貝である。体調六〇㎝ほどの大鯛二匹一対に、当時は鎌倉海老と称された伊勢海老の二つ割りを焼き物にして大皿に盛り、「伊勢鯉《いせごい》」とも呼ばれた縁起《えんぎ》の良い名吉は刺身、焼き物、吸い物に大活躍、といった具合である。そして鮑も、豪華な食膳の目玉であった。天保《てんぽう》一二（一八四一）年に埼玉から訪れた川島巳之助という旅人は、外宮《げくう》の代表的な御師の三日市大夫次郎宅に四泊するが、その間に鮑の料理を六度も食している。鮑の調理法は刺身のほか煮物、焼き物、酢の物、鮑飯、塩辛《しおから》など、多様であった。

参宮客全体で、鮑をどれほど消費したのであろうか。いささか乱暴な計算をしてみよう。当時の参宮客は、平均して年間四、五十万人であった。だがすべての参宮客が川島巳之助のように四、五日も滞在し、御師宅で贅沢な御馳走を食べた訳ではない。神宮に関する史料を集成した『大神宮故事類纂』の神楽についての記事を見ると、御師宅で神楽をあげる川島のような経済的に豊かな参宮客は、全体の一割程度であった。そのような階層の旅人が、川島と同様に滞在中に六回の鮑料理、平均して生鮑二個分を食したと想定すれば、五万人が一〇万個、三個で約一㎏として三三ｔほどとなる。参宮街道沿いの旅籠屋等で消費された分を考慮すれば、現在の三重県（鳥羽・志摩）で採れる鮑の量にほぼ匹敵する数字となる。

さて問題は、当時の伊勢参宮は冬から初春にかけて行われるのが普通であった点である。遠隔地からの旅は数か月を要するため、農民たちは稲刈りを終えて年貢を納め、翌春の苗代《なわしろ》作りに入るまでの農閑期に旅に出たのである。そしてこの季節は、鮑の旬《しゅん》ではない。鮑が美味しいのは秋の産卵期の前、夏であり、冬の鮑は水っぽくて不味い。

今でも鳥羽・志摩の民宿のなかには、冬に美味しい伊勢海老と夏が旬の鮑を、季節を問わずセットにして売り物にしているところが少なからずある。真の美食とはほど遠いのだが、鮑と海老がお膳に揃う光景こそが豪華な食膳だと喧伝《けんでん》されるのは、昔も今も変わらないということであろう。

事例は多くなく調理法が分からないものの、「小皿物」「二《に》の膳《ぜん》」として栄螺も出されている。だが海藻類は、吸い物や付け合わせなどで用いられているはずだが、主立った食材ではないためか道中日記の料理記事には確認できない。

しかしながら、参宮街道沿いなどで、ところてんを出す茶店は間違いなくあった。桑名《くわな》から伊勢に向かって津城下《つじようか》に入る手前に小川《こかわ》という地名があるが、ここではちょっと変わったところてんが名物として知られていた。熊野那智《なち》山《さん》の近くでも、休息時にところてんを食したことを記す旅人がいる。参宮街道から熊野街道の道沿いの茶店で、ところてんを出す店は珍しくなかったと思われる。そして、それらの原料となる天草《てんぐさ》は、鳥羽・志摩の海女たちが採ったものである可能性が高い。

志摩からの薪の供給

江戸時代の鳥羽・志摩の海女たちが宇治・山田にもたらすのは、貝や海藻などの漁獲物だけではなかった。大勢の参宮客をもてなす料理を作るには、大量の燃料が必要である。薪の採取のため、宇治・山田の後背地は禿《は》げ山《やま》になってしまったと伝えられるほどである。

伊勢の地だけで供給できない燃料需要を担ったのが、熊野灘から志摩にかけての浦村であった。この地域の山争いは、生活や生産活動に必要な自家用の燃料・肥料《ひりよう》の確保という目的からだけではなく、薪として伊勢へ出荷すれば多額の収益を得られることが背景にあった。

志摩漁村における薪需要は、第一には海女たちが自身の体を温めるためであった。漁の前後に焚き火にあたるのは、海女漁を行う上で必須であり、彼女たちは冬の間などに山に入り、薪を確保したのである。山地に恵まれない浦村では、近隣の村々と交渉して「買い山」をし、時には舟で薪を運んだ。そして余った分は伊勢の河崎へ売りに出したのである。

図9　左から大身取鮑，小身取鮑，玉貫鮑（鳥羽市立海の博物館提供）

神宮の御饌と熨斗鮑

現在でも鳥羽・志摩の海女たちが白磯着姿で鮑を神宮に奉納し大漁を祈る行事が行われ、テレビなどでも報道されている。江戸時代には、神宮に「贄《にえ》」として魚介を奉納する志摩漁村は、鮑を納める国崎村のほか、小浜村（鯛）、的矢浦（鱸）、立神《たてがみ》村（牡蠣《かき》）があった。

神宮の最重要儀式である三祭礼、一〇月の神嘗祭《かんなめさい》、六月と一二月の月次祭《つきなみのまつり》に供えられる神饌には、神様に捧げる食料であるから、およそ考えられる最も贅沢な食材が並べられる。鮑がそのひとつとなることは言うまでもない。だが、今のような生の丸ごとの鮑＝丸物（生饌《せいせん》）は、明治以前には一般的なものではなく、熟饌《じゅくせん》と称される調理饌が主流であった。鮑の場合、調理饌は熨斗鮑である。短冊《たんざく》状に切り揃え、端を藁《わら》で束ねたものが「身取鮑《みとりあわび》」、梯子状に結わえた形が「玉貫鮑《たまぬきあわび》」と言い、神饌として用いられてきている（図9）。なお、贈答《ぞうとう》用の熨斗には、「長鮑」が用いられる。

そもそも熨斗鮑とは何なのか、またどのように作られるのであろうか。これらの点は、神宮に奉職し、その制度を研究された矢野憲一の著書『鮑』に詳しい。基本的には贈答品などに添えられる縁起《えんぎ》物《もの》の飾りであるが、単独でも神饌として、また土産物にも用いられた。現在、祝儀袋の右上などに黄色い飾りや、時には印刷で描かれることで、わずかにその名残をとどめている。

熨斗の製造法は、生の鮑を林檎《りんご》の皮を剝くように薄く、細長く切っていき、それを生乾きにした後に竹筒で「熨《の》す」。これが、寿命を延ばすこと、また敵を伸ばす（やっつける）の語義と重ねて、縁起が良いものと見なされる。

現在、神宮へ奉納される熨斗鮑は、鳥羽市国崎町にある神宮御料鰒調整所《ごりよう》において、町内の長老たちの手により厳かに作られている。この施設自体、また調整する道具もすべて、神宮司庁《じんぐうしちょう》の管轄である。国崎から奉納される由来は古く、垂仁《すいにん》天皇第四皇女の倭姫命《やまとひめのみこと》が神宮の鎮座する地を探しに伊勢から志摩へ訪れた時、国崎村で「お弁」と名乗る海女から鮑を献上されたという伝承に依っている。

神宮御師と熨斗鮑

熨斗鮑は、伊勢神宮世界はもちろん、武家《ぶけ》や公家《くげ》層の贈答儀礼に用いられ、志摩漁村からは神宮以外に鳥羽藩にも貢納された。だが、志摩漁村で生産される熨斗鮑の大半は、宇治・山田の熨斗問屋を介して御師宅へ販売されたと思われる。神宮に数百人いた御師集団は、前述の通り全国を檀那場として分け持って、担当地域の村々を年々廻檀《かいだん》し、参宮を呼び掛けた。その際の土産物として、神宮大麻《たいま》（御祓《おはらい》）をはじめ、白粉《おしろい》、暦などのほか、熨斗鮑が盛んに用いられた。中田四朗は江戸時代に年間一四〇万本もの熨斗鮑（長鮑）が生産され、その原料として三八三tの鮑を要したと推定している。鮑三個で一kgとすれば約一〇〇万個となる。現在の三重県の鮑漁獲高は年間で五〇t前後、数十年前でも三、四百tであるから、さすがに少々過剰な数字であると思われるが、前近代の志摩国の海女漁で得られる鮑の多くが熨斗鮑に加工され、神宮御師を通して全国に配られ消費されたことは間違いない。熨斗鮑を媒介として、志摩海女と参宮文化は密接に結び付いていたのである。

御師宅の食膳用の鮑と合わせ、こうした鮑の膨大な、かつ安定した需要とそれに伴う流通ゆえに、志摩半島の海女漁による鮑は基本的に俵物にはならなかったのである。参宮文化の発展こそが、前近代の鳥羽・志摩の海女漁にとって、もう少し言えば志摩半島から熊野灘にかけての漁業全体にとって、何よりも大きなアドバンテージであった。

熨斗屋と漁民の抗争

だが、それだけ大きな流通経済であれば、その利権を巡り紛争が生じることも避けられない。神宮門前の宇治・山田や鳥羽町で熨斗鮑を扱う商人たちが流通の独占による利益増大を図り、また財政難に喘《あえ》ぐ鳥羽藩も専売制を試み、漁民たちを苦しめた。

寛保《かんぽう》三（一七四三）年三月、山田の下中之郷町の磯田市郎右衛門という者が金主となり、鳥羽町本町の熨斗問屋の甚兵衛と共に、志摩国一円の熨斗鮑を独占的に買得する権利を求めて、鳥羽藩へ出願した。運上《うんじょう》金を初年度には三〇両上納し、以後も数量の増加に従い増額することを約している。だが、宇治・山田の熨斗屋たちの非協力と、志摩漁民たちが出稼ぎ地の熊野灘で熨斗鮑を横流しする行為により、出願からわずか四年後の延享《えんきょう》四（一七四七）年には、甚兵衛は廃業届けを出さねばならない事態となった。

豊漁貧乏という言葉があるように、すぐに売り渡さねば商品価値が低下する漁業においては、商人側が有利な買い手市場になりがちである。だが、志摩漁民たちは熨斗鮑の取り引きにおいて、強気な姿勢を崩さない。

出稼ぎ地でも熨斗鮑に加工しているように、生の鮑から熨斗鮑への加工は志摩漁民たち、まず間違いなく海女たちが従事していた。そしてその販売は、宇治・山田などの商人を志摩漁村へ呼び寄せ、入札に掛けることで行われた。

取り引き価格について、両者でせめぎ合いがあったのだろう、宇治・山田の熨斗商人たちは、時に入札の現場に赴かないという措置を執った。一九世紀半ばの天保末年頃、商人が不在で入札が成立せず、熨斗鮑が腐って商品価値を失いかねない状況下、志摩漁民たちは、今後は五年でも一〇年でも熨斗を作らず、すべて生で売り渡すことを取り決め、抵抗している。

生の鮑は地元商人の手によって買い取られ、伊勢の河崎に運ばれて販売される。熨斗鮑はこれとは異なる流通経路を取っているのであり、加工することにより志摩漁村に有利な販売法を確保できた。今風に言えば、第一次の生産(漁獲)、第二次の加工、そして第三次の販売を志摩漁村が一手に担う、六次産業化が成立していたのである。

4 海藻の大量消費と海女漁

寒天材料の天草需要

日本人は世界でも有数の、海藻を好んで食す民族であるらしい。出汁《だし》として用いる昆布《こんぶ》のほか、汁だねに、煮物や炒め物に、また見た目を楽しませる飾りにと用途は広く、和食文化の重要な要素として欠かすことのできない食材である。西洋社会ではほとんど海藻を食べないし、アジア諸国でも利用する海藻の種類は限られる。原始社会以来、日本では海藻を食べる文化を脈々と受け継いできたと思われるし、近代以降に西洋料理が浸透する以前には、今では想像もできないほど多量に、また多様に食べていたことは間違いない。そして海藻は、海女漁の獲物としても鮑など貝類と並んで、いや時代によってはそれをはるかに上回る比重を占めていた。

鹿尾菜や和布、荒布、布海苔《ふのり》などさまざまな海藻があるが、経済的に最も重要なものが天草である。天草はマクサを中心とするテングサ属等の海藻の総称で、天日で乾燥させた上で煮て溶かして冷却し、固まったゼリー状のものを「ところてん突き」を用いて棒状に押し出してところてんにする。奈良時代には既に成立し、江戸時代には庶民の代表的な夏の涼味となり、都市社会にはこれを専門に扱う「ところてん売り」という商人がいるほどであった。

江戸時代後期、ところてんを寒冷地で乾燥させて寒天に製造する技法が発達し、その原料の天草は海女の漁獲物としての比重を格段に高める。寒天にすることで保存・流通に便利になるだけでなく、水で戻すと生のままのものよりも味が良くなるというのは干鮑や煎海鼠も同様らしいのだが、いずれも海女漁の獲物であることが興味深い。そして寒天は、燕《つばめ》の巣《す》の代用など高級中華料理に用いられ、杏仁豆腐やゼリー類などデザートの食材としても人気が高まり、爆発的と言ってよいほどの海外需要が生じた。一八世紀後期には摂津、丹波《たんば》の山間地や信濃《しなの》国などで盛んに作られるようになり、大坂商人に売却され、長崎経由の中国向け重要輸出品となったのである。

天草取り引きの活発化

海女たちが採る志摩の天草は、一九世紀初頭の文化年間に鳥羽藩が利益独占を目指して国産仕法を導入するが、失敗し、前後して大坂商人らによる一手買い付けの出願が繰り返される。幕末期には伊勢の慶光院《けいこういん》役所が、朝廷の御用を掲げて志摩国の天草の独占を鳥羽藩に対して申し入れた。慶光院とは戦国期に遷宮《せんぐう》再興に貢献した功績により、江戸時代の伊勢神宮世界において特権を有した寺院である。なぜ慶光院がこのような出願を行ったのか事情は不明だが、志摩漁村の大半が反対の意思を示すなか、先志摩半島の四か村は取り上げ高の半分を慶光院に渡すことを提案しており、志摩漁村と伊勢の有力寺院との間に何らかのつながりが存在していたのかもしれない。

志摩漁村における天草取り引きの規模は、驚くほど大きかった。先志摩半島は特に海藻生産が盛んだったところである。そのなかの越賀村に残された記録によると、文化三（一八〇六）年頃のほぼ一年間で、天草を一一度にわたり越賀港から出荷しているのだが、一度の取り引き量は最大で六八〇〇貫、総量で四万貫、すなわち一五〇tにも上っている（表2）。現在の日本全体の天草生産量は年間で五〇〇t弱、三重県に限れば十数tに過ぎない。天草は乾燥させたものを二〇kgから二五kgを単位に、ほぼ米俵と同じ大きさで俵詰めして取り引きされるが、越賀村では最大時におよそ一〇〇〇俵もの天草を一度に船に積み込んだことになる。代金も総額で一六貫匁余、これは米一石＝銀六〇匁換算で、越賀村の年貢高の約七割を占めるほどの額である。近代以降には村の漁業、農業の全商品売上高の八割が天草という時期もあった。

表2　文化3（1806）年の越賀村の天草出荷記録一覧

No.	月日	量(貫目)	船	備考
1	12月24日	234.2	淡路儀助船	文化2年
2	2月10日	2263.9	常滑又四郎船	
3	3月14日	3500	大坂桑名屋為右衛門船	御座村江瀬取
4	5月19日	3249.1	野間与四郎船	
5	6月22日	4812.7	野間藤蔵船	
6	6月26日	3375.9	淡路嘉蔵船	
7	7月 5日	6800.2	紀州三浦嘉兵衛船	
8	9月11日	2987.5	野間万助船	
9	10月12日	5475.6	讃岐十吉船	
10	11月 7日	3220.6	野間七兵衛	
11	11月21日	4185.8	阿波十蔵船	
12	10月12日	59.4	讃岐十吉船	布苔九箇

　輸送には野間《のま》船など知多《ちた》半島の廻船が五度、淡路《あわじ》船が二度、他は大坂、紀州三浦《さんぽ》、讃岐《さぬき》、阿波《あわ》の船が用いられた。注目されるのは、廻船へ積み込む取り引きが天草採取の盛期である初夏に限らず、一年中行われている点である。天草は志摩漁村で乾燥され、晒草に加工された上で保存されて、随時大坂方面へ向けて出荷されていたのである。

一二〇万把の荒布

　天草に匹敵するほどの規模で採られた海藻が、荒布である。若布（和布）に対して分厚くごつごつした感じがするために付けられたネーミングで、この海藻はそのままでは渋くて食べにくい。鮑の餌となるため現在では採取が制限され、希少な郷土食の材料ともなっているが、江戸時代には

図10　国崎の舟場近くでアラメかカジメを背負って運ぶ海女。1978年10月撮影。（鳥羽市立海の博物館提供）

「海産第一」と称されるほど大量に採れ、救荒《きゅうこう》食料として備蓄されることもあった。必ずしも食味の良い海藻とは言えないのだが、江戸時代を通して海女漁の獲物となり、そして天草と同様に、上方商人が独占的な取り引きを企てる対象物でもあった。大坂商人が浦村に金銭を前貸しして集荷する体制は一七世紀中から始まっており、幕末期には志摩一二か村の荒布を、ある大坂商人が年間二〇〇〇両もの大金で独占的に取り扱った。この二〇〇〇両分の荒布は、当時の相場に換算しておよそ一二〇万把に相当する。一把がどれほどの量なのか、正確に測ることはできないが、片手で摑めるくらいと考えたらよいだろうか。

分からないのは、それほど多量の荒布がどう流通し、誰が、どのように食べたのか、という点である。大坂の商家など都市社会では刻み荒布の煮物が食べられていたとの風習は伝わるが、とてもその程度で消費できる量ではない。荒布に限らないが、江戸時代の海藻食の実態については、まだまだ謎の部分が多い。

三　海女の出稼ぎ

1　江戸時代の上磯・下磯稼ぎ

房総半島へのフナド海女

漁民は一般に、豊かな漁獲を求めていとも簡単に遠くの海へ出漁する。陸上でのみ生活する感覚からは、その活動範囲の広さに驚くばかりだ。海女漁も例外ではなく、江戸時代中から「上磯稼《かみいそ》ぎ（行き）」「下磯稼《しもいそ》ぎ（行き）」という言葉が使われ、志摩《しま》を遠く離れて房総半島や熊野灘に出稼ぎに赴いていた。だが海女が漁を行う磯場《いそば》は、沖合いの海とは違い海岸の村の権利が強いところである。陸地に続く浅海についての「地《ち》先《さき》漁業権」は、江戸時代の漁村で慣習として保持されていた。鳥羽・志摩の海女たちは、どのような理由で、またいかなる態勢で、村を遠く離れて出稼ぎに赴いたのであろうか。

「上磯稼ぎ」とは、房総半島や伊豆《いず》などに行くことを言う。これが確認できる初発は、享保《きょうほう》一一（一七二六）年に南鳥羽の相差《おうさつ》村が、鳥羽藩主として新たに入部した稲垣氏《いながきし》に対して提出した村明細帳《むらめいさいちょう》である。このなかに寛文《かんぶん》九（一六六九）年から安房《あわ》国へ「海士かせき」に出掛けていたこと、「海士頭」という五人の男に率いられ、「海士艫居《ともい》御礼金」三五両と「海士」一人当たり原則として一年に「頭役《かしらやく》銀」三〇匁を領主に納めることなどが記される。残念ながら「海士」（海女）たちが何人参加していたのかは分からない。ただ、「艫居」とは船頭《せんどう》のことを指すが、「海士頭」とは別にいたはずであり、上納金額の大きさからも、相当大規模な出漁態勢であったことを窺わせる。また、藩《はん》への上納金を伴っていること、「海士頭」五人は鳥羽藩江戸《えど》藩邸《はんてい》での勤めを兼ねていることなどから、安房国漁村との交渉を含め、藩が主導した出稼ぎだった可能性がある。

相差村に近い石鏡《いじか》村に残る延宝《えんぽう》九（一六八一）年の記録にも、房総半島への出稼ぎについての記事が見られる。当時の村の人口は二二四名であったが、男九三名のうち一七名、女一三一名のうち一八名が安房国にいるというのだ。海女漁と明記されてはいないが、男女の数はほぼ同数であり、夫婦や親子がペアになったフナド形態の海女漁での出稼ぎである可能性が高い。同じ文書中には、家数六八軒、漁師（男）は七四名、「蜑」（海女）は八〇名と記されており、実に二割以上の漁民が房総半島への出稼ぎに行っていたことになる。フナド海女漁を営む小舟で、遠く関東まで出漁していたのであろう。

だが、上磯稼ぎは享保一一年段階では既に不漁を理由に縮小傾向にあり、藩への上納銀についても宝永《ほうえい》七（一七一〇）年には免除されていた。一八世紀中の房総半島への出稼ぎ史料は他に見出せず、おそらく衰退していったものと思われる。志摩海女が再び上磯に赴くのは、江戸時代後期に天草《てんぐさ》の需要が高まってからのことであるが、この問題は別に述べよう。

近隣浦村への出稼ぎ

同じ志摩国内でも、鮑《あわび》を求めて自分の浦村を離れ他村の領海の磯場に赴くことはあった。多くは「磯荒れ」（磯焼け）を理由に出て行くが、個々の漁民が自分の判断のみで赴くのではなく、村同士の取り引きがなされていたようだ。いわば入漁料《にゅうぎょりょう》のような形で金銭を支払うことで、漁の権利を村として得ていた。

志摩半島に続く海岸線沿いの度会郡《わたらいぐん》の浦村は、伊勢《いせ》国内の紀州《きしゅう》藩田丸《たまる》領であるが、ここへの志摩海女出稼ぎは一〇日から二〇日程度の短期間のもので、古くから領主には届け出ずに、自村の磯場が不漁の時に行われていた。海女漁が盛んではない漁村では競合関係がないために受け容れやすい条件があったであろうし、地理的にも近いため、さほどの準備もなく漁況《ぎょきょう》次第で出漁できたものと思われる。なお、越賀村から紀州藩田丸領の度会郡田曽浦《たそうら》へ海女稼ぎに出た史料を見ると、一名から数名の男が十数名の海女を率いる、「ノリアイ」の形態であったことが分かる。

下磯稼ぎの態勢

紀伊半島東岸の熊野灘は、紀州藩奥熊野《おくくまの》（木本）代官所《だいかんしょ》の管轄地域だが、ここへも志摩海女は江戸時代の早い段階から、組織的に出稼ぎに赴いていた。同時代の記録ではないが、延宝四（一六七六）年頃に紀州藩尾鷲組《おわせぐみ》内の須賀利《すがり》浦《うら》に志摩海女が船に乗ってやってきて、鮑を取り、熨斗《のし》に加工して持ち帰っていたことが分かっている。

出稼ぎの態勢について、一九世紀初頭の事件記録から見てみよう。享和《きょうわ》元（一八〇一）年のこと、尾鷲組須賀利浦と北側に隣接する同じ紀州藩領の相賀組島勝浦《あいがぐみしまかつうら》との間で山論《さんろん》が勃発した。薪《たきぎ》を採取する権利をめぐる村同士の争いだが、これには自家用の燃料需要に止まらず、時に一万把を超える薪が廻船《かいせん》を用いて出荷されるという流通の実態があった。宇治《うじ》・山田《やまだ》を中心に、参宮街道《さんぐうかいどう》沿いから名古屋《なごや》にかけての各地では、旅人への料理に用いる燃料を大量に必要としたため、高く取り引きされたのである。さて、山から取る薪の取得権をめぐる争論ではあるのだが、争論のなかでは海の権利も問題になっている。志摩漁村同士の漁場争いに関する訴訟文書中には、しばしば「海山一円《うみやまいちえん》」という言葉が用いられ、海上の権利と海に続く陸地の権利とが結び付くと意識されていた。この「海山一円」の論理は、熊野灘でも同様であったのである。

両村の争論は長期化し、ようやく終結する直前の文化《ぶんか》一〇（一八一三）年一一月、島勝浦に拠点を持つ五〇名余の志摩海女たちが須賀利浦との海境を越えて進入し、鮑を採ったことが問題となった。須賀利浦の漁師たちはこれを咎《とが》め獲物の鮑九〇個を没収するが、七日後には今度はそれぞれ一人ずつの男の舵取《かじと》りに繰られた舟四艘に海女多数が乗

図11　和具のノリアイ海女たちの出漁風景。沖合いの和具大島へ向かう。1972年8月撮影。（鳥羽市立海の博物館提供）

り込んで、漁にやってきた。須賀利浦では舟一艘と男四人を拘束するが、まもなく島勝浦の「海士宿」を名乗る若松と瀬兵衛という者が訪れ、舵取りの男たちと共に詫《わ》びを入れる。詫び状の形式については山論と連動するためいささか難航するものの、ともあれこれらの関連文書から、志摩海女たちがどのような態勢で熊野灘へやってきたのかが判明する。

江戸時代の磯売り

彼女たちは先志摩半島の和具《わぐ》村と越賀《こしか》村の者たちで、舵取りの男たち五名に率いられて来ていた。海女漁の形態としては、田曽浦への出稼ぎと同様に一艘の舟に十数名が乗り込む「ノリアイ」である。さて、舵取りを務める男たちは、島勝浦から磯の権利を買い受けていた。これは「磯売り」と呼ばれ、明治期以降にも引き継がれる方式であるが、期間を区切って獲物別に磯の漁業権が売買されるのである。ただし近代の「磯売り」は、地元の者が権利を買い取り、志摩海女を雇って漁を経営したが、この時代には志摩漁民が主体となっている点が異なる。また、近代以降は一年ないし数年を区切って「磯売り」の権利が売買されたが、島勝浦からの海女漁は一年のうちでも期間を区切ったものだったと思われる。一年単位の海女漁であれば、利益を確保するために盛期の夏に漁を行わないはずがないからである。夏の間は地元の海で鮑漁をし、それが終わった後に磯の権利を買い取った男に率いられ、志摩から熊野灘へやってきたのであろう。

このような漁業権の売買は、一八世紀末には始まっていたらしい。そして、出稼ぎ先の島勝浦には「海士宿」という施設が成立していた。廻船についての船宿《ふなやど》と同様に、出稼ぎ期間中の海女や舵取りが宿泊し、何か問題が生じた際の保証人になるのである。志摩の漁民たちは、海女が不在で磯資源を持つ漁村とこうした関係を築いて、漁を行っていた。

出稼ぎの要因と口銀

志摩半島の海女たちが自村の漁場を離れ出稼ぎに赴くのは、これまでも言及したように、ひとつには「磯荒れ」（磯焼け）と表現されるような不漁に見舞われた時、そして定められた漁期を終えた期間の稼ぎのためであった。どこまで意識されたものかは分からないが、結果として自分たちの漁場の魚貝や海藻を採り過ぎず、資源を回復させることにもつながった。

それに加えて、漁村内部の男女の分業や、海女の習熟度の問題もあった。前述のように、先志摩半島の和具村が宝永七（一七一〇）年に藩へ提出した「指出帳」には、男の「漁師」と「海士」（海女）に分けて、漁民の年間暦が記されていた。海女は春と夏には地元で海女漁を営み、その後、八月から一〇月にかけては紀州藩領（熊野灘）へ「旅海士」に出掛ける、とある。漁師の方は八月から鯨船《くじらぶね》に雇われてやはり紀伊《きい》国へ赴くという。志摩半島でも江戸時代初めには捕鯨《ほげい》が行われていたが、宝永四年に発生した大地震の津波で捕鯨船が流失したため、以後は廃れてしまった。だが優れた技術を保持していた魚民は、太地《たいじ》など捕鯨の盛んな熊野灘へと雇われて行く。しかしながら、春と夏にそうした男たちと組んでフナド形態の漁を行っていた海女は、八月以降はパートナーとしてのトマエ（船頭）を失うこととなる。自村での漁を終え、今度はノリアイ形態での漁に雇われ、熊野灘に赴いたのではなかろうか。

志摩漁村では、漁民たちから漁獲売上額の一定額を村が徴収する「口銀《くちぎん》」という制度があった。出稼ぎに出ると村財政の減収につながるため、越賀村では元文《げんぶん》三（一七三八）年に、下磯へ出かける時には一人あたり金一歩《ぶ》（一両の四分の一）を納めさせることにした。その三年後には海女の習熟度による稼ぎの違いに配慮して、段階別の規定に改めている。「上」海女は金一歩（銀一五匁《もんめ》に該当）だが「中」は銀一〇匁、「下」は銀五匁とし、漁獲金高から一割、「となへ」（とまえ・船頭）からも一割を徴収することとした。ここで「下」のさらに下に「磯手習」という区分があり、彼女たちは口銀の負担を免除され、出漁し易い条件が整えられていた。下磯への出稼ぎは、自村の漁場での不漁を補う目的以外に、若く未熟な海女の技術訓練という意味も持っていた。これは、近代以降の聞き取り調査などでも確認されていることである。

伊勢国への農業出稼ぎ

海女の出稼ぎは、海を場とした稼業に限らない。越賀村に残された天保《てんぽう》一四（一八四三）年の文書には、村内の女たちは五月から七月半ばまでの間は伊勢国中部の櫛田川《くしだがわ》流域へ茶摘みの日雇い稼ぎに出て、志摩に戻って鮑漁に従事した後、九月から一〇月にかけては松坂周辺農村へ稲刈りと麦蒔《むぎま》きに雇われて行くことが記される。志摩漁村の女性たちは、季節により、また天候次第で、海女漁以外の農作業や山での柴《しば》・薪採取など多様な仕事に従事していたのであり、短期集中の労力を必要とする農作業に雇われて出掛けることは、ごく自然のことであった。

一方、同じ志摩漁村でも男の出稼ぎは、熊野灘への捕鯨を始め他地域の漁業に就くか、廻船の水主《かこ》に雇われるものが多い。他に船大工として造船《ぞうせん》の盛んな伊勢の大湊《おおみなと》や名古屋辺りへ出稼ぎに赴く者もいたが、海とは無関係の農作業に従事する出稼ぎは見られない。志摩漁村における農業は、主に女性によって担われていたことを推測させるし、ここにも、多様な仕事との組み合わせで成り立つ海女漁の特質が表れているといえよう。

天草の専売制と出稼ぎの広域化

江戸後期のところてんの開発により天草の価格が急騰したことも、海女の出稼ぎを活発化させた要因であった。天草の商品価値に、財政難にあえぐ諸藩が目を付ける。紀州藩では領国内の天草に専売制を敷き、天保年間には伊豆や房総半島でも天草の仕入れを開始し、幕末期には鳥羽藩や土佐《とさ》藩にも共同で専売を行うことを働きかけるようになる。

この動きのなかで、紀州藩領に限らず天草の採取権が高額で取り引きされ、専売制を敷く藩に対して、運上金上納《うんじょうきん》と引き換えに採取権の独占を出願する者も現れる。詳細な報告がある伊豆国沼津《ぬまづ》藩領の村についてみてみると、運上金の上納は当初は浦村が負担したが（浦請《うらうけ》）、収益増大を目指した藩は天草の採取権を入札に掛けるようになった。そこで活躍したのが「請負人」と呼ばれた商人たちで、権利を落札して天草を集荷・販売した。限られた期間で最大限の利益を得るために、彼らは技術の高い出稼ぎ海女を雇用するようになった。

江戸時代後期に志摩海女たちは、天草需要に引っ張られ、それまでとは異なる規模で出稼ぎに赴くようになった。そしてこれが、海女漁の分布域を大きく広げることにもなったと思われる。

明治後期のことだが、田辺悟が紹介された伊豆半島の先端、長津呂《ながつろ》での事例をみてみよう。もともと海女漁が不在の地であったが、志摩海女がやってきて天草を採取し、高収益を得る。それを見た地元の女たちが見倣い、潜るようになる。鮑漁とは違い天草採りであれば、さほどの技術や訓練を要しないことも、普及に与《あずか》った。当初はよそ者の海女を受け入れていたものの、自村の利益を確保するため、次第に制限を強めていく。志摩海女は当初の出稼ぎ地を追われ、さらに遠くへと移動し、伊豆諸島《いずしょとう》から八丈島《はちじょうじま》にまで至った。

伊豆に限らず、志摩海女が天草目当てに出稼ぎに赴き、その地に海女文化が根付いていった例は、日本列島の各地にあったのではなかろうか。

明治維新後の天草輸出

さて、中国の天草需要は、明治以降も続いた。新政府は昆布《こんぶ》や鰊《にしん》、鰑《するめ》などとともに、寒天《かんてん》を中国向けの最重要品のひとつに位置づけ、生産を奨励した。明治元（一八六八）年には輸出量二四万七二五七斤《きん》（約一四八t）、売上額六万二六七九円だったものが、明治二六年には一四五万二七二八斤（約八七二t）、六八万二一四〇円と、二十数年で金額では一〇倍以上の規模に急増している。

実は明治《めいじ》維新《いしん》は、鳥羽・志摩の鮑漁に大きな変容をもたらした。神道《しんとう》を近代天皇制国家の精神的な紐帯《ちゅうたい》に位置づけようとした新政府は、民衆の土俗的な習俗に根差した御師《おんし》の存在を障害と見なしてこれを廃止した。それに伴い、御師が全国の檀家たちに熨斗などの土産物を配付することもなくなったため、神饌《しんせん》など儀礼や贈答品としては残ったものの、熨斗の需要は激減したのである。参宮文化に支えられた志摩の海女漁は、鮑漁に依存していれば危機的な状況を迎えるところであった。だが、当時の志摩漁村は、それを補ってあまりあるほどの天草需要に支えられていた。例えば明治二一年の越賀村では、農作物・漁獲物合わせた一年間の「製品売上額」総額一万円余りのうち、天草の代価は実に八割以上の八〇〇〇円余を占めていたのである。江戸時代後期から天草の比重が徐々に高まり、それとともに海女の出稼ぎも広域化していく。その傾向は幕末から明治維新を経て、特に明治期以降に爆発的に進展していった。

2　明治期の出稼ぎの広がり

磯売りの実態

近代以降の志摩海女の熊野灘への出稼ぎは、江戸時代同様に磯の権利を買い取った者に雇われる形で行われた。明治末頃に三重県水産試験場が刊行した『三重県漁村調査報告』には、「磯売」の方法が子細に報告されている。沿岸の磯で採れる海藻類と鮑などは、その種類別に一定期間（通常は一年）の漁業権が入札に掛けられ、落札者に自由に採らせた。入札人を自村の人間に限る村もあれば、村内の人間の紹介があれば可とする村、落札した権利を他村の者へ転売することを認める村など形態はさまざまだが、いずれも権利を有した者が志摩地方から海女を歩合給《ぶあいきゅう》で雇用した。寒天の原料としては天草のほか海羅《かいら》、鬼草《おにくさ》などもあり、そしてもともとは海女漁の中心的な漁獲物である鮑も磯売りされる。だが、寒天用の海藻、とりわけ天草を採る権利が、圧倒的に高額で取り引きされた。たとえば、錦浦《にしきうら》（現度会郡大紀町錦《たいきちょう》）では鮑の一年間の磯売り落札額は五〇円ほどであるのに対し、天草はその一〇倍の五〇〇〇円にものぼっている。天草の好漁場として知られた尾鷲《おわせ》の盛松浦《さがりまつうら》では、天草と鮑の二か年の落札金額は八九〇円であったが、そのうち鮑の分はわずか二〇円に過ぎなかった。

海女の歩合給の額は、当初は天草の生草一貫目につき七銭くらいであったが、明治末年頃には天草価格の高騰に伴い倍増しているとも記される。採取された天草は、乾燥して寒天の産地である大阪や信州地方に売られていった。

熊野灘沿岸では、江戸時代から志摩海女の出稼ぎが行われていた。先に一八世紀段階に先志摩半島の和具海女が、磯の権利を買い取った男たちに率いられて熊野灘の島勝浦の「海士宿」に泊まりつつ、鮑を採る出稼ぎ海女漁を行っていたことを見た。当初は入漁権のような形で志摩漁民が支払っていたものが、その価値が高まるにつれ入札制を取るようになり、漁村主導の「磯売り」形態に移行したのであろう。いずれにせよ、沿岸漁村の地先漁業権を前提とした出稼ぎのあり方である。だが、明治期に一気に広がった志摩海女の出稼ぎは、こうしたものだけではなかった。

図12　志摩市志摩町越賀の郷蔵。手前左側が文書蔵で，右側の蔵は米や海藻を収納した。

越賀郷蔵に残された出稼ぎ記録

志摩半島の先端、英《あ》虞《ご》湾《わん》を囲むように伸びる先志摩半島は、現在の志摩市域のなかでも最も海女漁が盛んで、漁村の習俗を良く残し、いわば「志摩中の志摩」と言っても良い地である。この中ほどに位置する越賀という集落の港近く、少し小高いところに、江戸時代から戦前期までの古文書類をぎっしり収めた文書蔵がある。棟《むね》続きに隣接する米や海藻を保管した郷蔵は三重県の指定文化財となっている。三重県の歴史研究の大先輩、下村登良男氏らに連れられ、この郷蔵を初めて訪ねたのは、私が三重に移住して間もない二〇年ほど前になろうか。郷蔵文書を守って来られた地元の長老、谷口治右衛門先生の案内を受け、蔵の中を見せて頂いた。江戸時代中の古文書も多いのだが、明治二〇年代にこの村の海女たちが遠く北海道の利尻《りしり》島《とう》・礼文島《れぶんとう》へ、さらには日清《にっしん》戦争のさなかに朝鮮《ちょうせん》半島へと出稼ぎに赴いていたことを示す近代文書に、衝撃を受けた。いったいなぜ、どのような態勢で、そんなに遠くの、しかも寒冷の地に、獲物を求めて出掛けたのであろうか。興味を抱きつつもしばらくは郷蔵から遠ざかっていたのだが、一〇年ほど過ぎて海女文化振興の仕事を始めた時、真っ先に頭に浮かんだのが、越賀の郷蔵文書を用いて近代の志摩海女の出稼ぎを分析する作業であった。

北海道への進出

鳥羽・志摩の海女が北海道の利尻島・礼文島へ進出する頃には、天草需要に刺激を受けて日本列島の各地へ出稼ぎに行くようになっていた。越賀区文書から志摩海女の出稼ぎ先を見ると、ほぼ同時期に東北の出羽《でわ》、陸奥《むつ》方面から日本海側の能登《のと》や隠岐《おき》、八丈島・小笠原《おがさわら》諸島、土佐《とさ》沖や九州北部（日向《ひゅうが》沖、五島《ごとう》列島、長崎・壱岐《いき》）、そして八重山《やえやま》諸島・石垣島《いしがきじま》と、まさに日本列島の端から端まで、海女が居るか居ないかを問わず、可能な地に出漁していた様子が窺える。陸の暮らしが中心の者とは全く異なる、漁民たちの海上の距離感覚には驚かざるを得ない。だが、沖合いの漁業とは異なり地元の漁村と関わりの深い磯での海女漁は、簡単に操業できる訳ではなかろう。

昭和四五（一九七〇）年頃から志摩地域の古文書史料を集中的に調査された中田四朗（当時、三重大学学芸学部教授）が紹介するように、越賀村から利尻島・礼文島への出稼ぎが始まったのは、明治二六（一八九三）年のことであった。この年の三月に越賀村から三重県知事に対して出漁の伺い書が出され、三重県庁から北海道庁に照会がなされている。北海道庁では、海面は漁業組合を経て各自で貸し下げを出願するのが原則だが、好漁場は期待できず、天草も出稼ぎ者が取るに足りないとしつつも、出稼ぎに特に制限はない、と回答した。越賀村では五月下旬に、船を操る艫居《ともい》（船頭）の男四名と海女一五名が、礼文島香深《かふか》村の松原長太郎方に向けて出発することになった。ただ、三月の申請では艫居一〇名と海女二七名で出発する計画であったため、第二陣が続いた可能性がある。村では出漁者の無事を祈る臨時祭典が執行された。

越賀村ではこの時が初発なのだが、礼文島に住む個人名が行き先として明記されており、それ以前からつながりがあったことを思わせる。実はこの前年に、越賀村の隣村、先志摩半島の先端に位置する御座《ござ》村から、集団で北海道に出稼ぎに赴いていた。天草と昆布が豊富で、海鼠《なまこ》も多い漁況の良さに手応えを感じ、明治二六年には六〇名が利尻島に向けて出発し、さらにこれに続く動きもあるという（『伊勢新聞』）。越賀村の礼文島進出も、御座村の動きに呼応したものであろう。

北海道庁内務部水産課が明治二五年に公刊した『北海道水産予察調査報告』によれば、当時北海道沿岸には至るところで天草が繁茂するが、とりわけ松前《まつまえ》郡や高島《たかしま》郡、そして奥尻《おくしり》、天売《てうり》、焼尻《やぎしり》、利尻、礼文の離島が最上であり、しかし天草漁を行う者は稀で、松前郡の漁民が余暇を用いて細々と採取する程度だという。事実、利尻島では明治二四年まで天草の出荷はゼロであり、同二五年に一七一六石余の天草を二万円弱で大阪へ出したのが始まりである。要するに、志摩御座村の海女が明治二五年に進出してから北海道の天草漁が活発になり、大阪への出荷が始まったのである。

国崎の「おとらさん」

戦前・戦中を通して山村・漁村の民俗調査、とりわけ女性の聞き取りを精力的に行った民俗学者の瀬川清子《せがわきよこ》は、国《く》崎《ざき》村（現鳥羽市国崎）の「おとらさん」について、とても魅力的な報告を残している。

おとらさんは「橋本とら」と言い、慶応《けいおう》二（一八六六）年生まれ、聞き取りは昭和一四（一九三九）年、彼女が七三歳の頃に行われたはずである。おとらさんは「明治二十四五年の頃」（当時二六歳）、北海道の礼文島・利尻島への出稼ぎに、国崎村と先志摩半島の片田《かただ》村で半数ずつ計五〇名の海女たちと、彼女の叔父に連れられて行ったと言う。きっかけは、遭難した漁民の供養に「嶽詣《たけまい》り」（朝熊山金剛証寺《あさまやまこんごうしょうじ》への参詣《さんけい》）に行ったところ、たまたま東京銀座の大事業家の息子で、宗谷《そうや》で捕鯨に従事する「イワヤ」と名乗る男に出会う。おとらさんは「イワヤ」に対し、利尻島で石花《せっか》菜《さい》（天草）が上がったと聞くので、一緒に連れていってくれ、と頼む。

話がまとまって「イワヤ」に雇われて北海道に行くこととなり、叔父が人を取りまとめて四日市《よっかいち》から郵船会社の船に乗り、横浜《よこはま》で乗り換えて八日がかりで函館《はこだて》に着く。さらに小樽《おたる》から船で礼文島の「カイヒョウマヘ」へ渡り、家を造って海女たち五〇名で共同生活をしつつ、漁を営んだ。五月の節句に四日市を発ち、帰路の途中の東京で九月の節句を迎えたというから、実質的には六月から八月まで、三か月ほどの生業であったろう。おとらさんはこの出漁で三五円を貰ったという。当時は米一俵が三円、日雇い賃が男一三銭、女八銭であったから、確かに本人が言う通り「大金」であったが、漁獲に対する売上額ではなく、雇用主たる「イワヤ」から給金を支給されたものと思われる。

さて、明治一一（一八七八）年に津市で創刊された『伊勢新聞』は、三重県内最大の地方紙として、近代の三重県内の社会・経済・世相を知る上での根本資料であるが、この『伊勢新聞』の明治二六年七月二一日号に、鳥羽出身の「独行庵主人」を名乗る者による北海道の紀行文「北巡録」が掲載されている。そこで記される内容は、先に見た越賀村から礼文島への出漁に関する史料、そして国崎村のおとらさんが語る内容と、見事に符合するのだ。

独行庵主人は六月二七日に礼文島を訪れた時に、越賀村の「井上太市」という水産家に会ったという。井上太市とは、まさに同年に三重県知事に対して出稼ぎの伺い書を出したその人である。彼は礼文島の水産資源が豊富であると聞き、天草を求めて海女三〇名余を率いて数か月前から来ているのだとした。遠く「絶域《ぜついき》」の地で同じ県民に出会う奇遇を、二人で喜んでいる。

続いて独行庵主人は、島を離れようとした頃に先志摩半島から来た海女二〇名余の上陸に出会う。彼女たちは、東京銀座の「安売隊長」で「宗谷岬の鯨取兼開墾百姓」であった「岩谷松平」に手引きされ、片田村の橋本三郎右衛門に付き添われてきたという。この岩谷松平が、おとらさんが嶽詣りで偶然出会った「イワヤ」であることは間違いなく、橋本三郎右衛門がおそらくおとらさんの叔父なのであろう。志摩海女たちは、全国各地の天草の漁況について情報を得、岩谷松平のような遠洋漁業者を頼ったり、先住者の伝手《つて》を得たりして、井上太市や橋本三郎右衛門のような志摩の水産事業家に率いられ、北海道に向かっていった。

排斥される出稼ぎ海女

独行庵主人のレポートは、利尻島での天草漁についての懸念を伝える。志摩から出漁した海女たちが天草を採り尽くすことを恐れ、地元住民が拒む動きがあると言うのだ。同じ年の九月に刊行された『北海道水産雑誌』第四号にも「利尻島テングサ紛擾《ふんじょう》前後策」という記事が掲載され、昨年（明治二五年）来、出稼ぎに来た海女たちと島の在住者との間に紛争が絶えないことを伝えている。同記事では、「慈愛は人の為ならず」と唱えて、天草は海女たちの採るに任せることを提案しているのだが、これは地元住民にとって容易に受け容れられることではなかった。少し時期は下るが明治三二年一〇月九日付けの『小樽新聞』では、礼文島の尺忍村《しやくにん》の天草漁について、価格高騰によって就業者の収益が上がっているが、数名の海女出稼ぎ人が移住し、増加の傾向のあるのをみて、一部の村人たちはこれを嫌い、「海女排斥」を唱えるものがいると言う。

こうした紛争は、熊野灘沿岸の村々で江戸時代以来行われていた「磯売り」形態であれば起こり得ない。ただし昆布については入札によって買い占められていたと言う。つまり、昆布に比して天草の価値がいまだ一般化してはおらず、精々自家用に採る程度で、天草を採取する権利を入札に掛けるほど発展してはいない段階の地域で行われた出稼ぎなのであった。中国への輸出増加に伴い天草の商品価値が高まるにつれて、現地の住民との紛争が広がっていくのは、当然のことであったろう。

3　朝鮮半島への出稼ぎ

朝鮮半島への漁業進出

志摩地域のなかでも漁村によって時期は異なるが、北海道への進出に前後して朝鮮半島沿岸へ、鮑や天草を求めての海女漁の出稼ぎが行われた。志摩海女の朝鮮への出漁は、大正一二（一九二三）年六月九日付けの『伊勢新聞』の記事「朝鮮沖に雄飛する志摩の蜑女の群れ」のなかでは、明治二四（一八九一）年から始まるとし、大正年間に聞き取り調査を行った伊丹萬里も、明治二四年頃に越賀の井上布平という人物が朝鮮視察を行った後に出漁したとしている。だが、同年の動きは原史料からは確認できず、水産関係者の総合雑誌『大日本水産会報』や政府機関の文書、志摩地域に遺された古文書類から志摩海女の朝鮮出漁が確実に認められるのは、明治二六年のことである。

北海道や八丈島、八重山諸島にも赴いた志摩海女たち自身の感覚からすれば、朝鮮半島へ行くのもその延長上に過ぎなかったかもしれない。江戸時代の房総半島や熊野灘への出稼ぎと同様、それらは同じ海でつながっているのである。だが、朝鮮半島沿岸はあくまで外国の領海であり、当時の日本の侵略的な外交政策に後押しされたものであったこと、そしてそれは海女漁に限らず漁業界全体として行われたこと、加えて九州や西国《さいごく》地方の大規模商人資本の参入により組織的に、大規模に行われたことが、他の出稼ぎとは大きく異なる点であった。そしてこの出稼ぎは、鳥羽・志摩の海女漁の特質を大きく変えることにもなってしまったのである。

日本漁民出漁の背景

海女たちの朝鮮出稼ぎについて見る前に、当時の朝鮮半島における漁業の実態と、日本政府の政策を確認しておきたい。

九州北部や中国地方の漁民らが、海でつながる朝鮮半島の沖合いまで出漁することは、江戸時代中にもあった。だが、組織的に海岸近くに出漁するようになったのは明治期以降のことである。潜水漁業については、明治一四、五年頃に長崎の漁民が鮑を求めて済州《チェジュ》島へ赴き、潜水器を用いた漁を行ったことが早い事例のようだ。

明治初期には日本と朝鮮半島の間で漁業に関する協定が存在せず、出漁した日本漁民によるトラブルが多発するが、明治二三（一八九〇）年に公布された「日本朝鮮両国通漁規則」により、日本は朝鮮半島近海の漁業権を獲得した。言うまでもなく片務《へんむ》的《てき》な条項を含む不平等な内容であるが、これを契機として日本漁民の朝鮮半島への出漁が本格的に行われるようになる。

日本が国策として朝鮮海への進出を目指し、それに呼応して多くの漁民が出漁したのは、何より当時の朝鮮海の漁業資源が極めて豊富であったためである。明治二〇、三〇年代の『大日本水産会報』や『朝鮮海通漁組合聯合会業務報告』などでは、当時は日本漁民の乱獲により資源が減少しつつあるとしながらも、「頗《すこぶ》る広く且つ棲息饒多《じょうた》」「無《む》尽《じん》蔵《ぞう》ノ名アル韓海」などとその豊富さが強調される。潜水業の獲物である鮑や海鼠、天草についても、質量共に優れているとされた。

朝鮮海の資源の豊かさは、潮流や地形などの要因もあるが、当時の朝鮮半島における漁業技術の未発達にも起因していた。船を用いる漁獲はまれで、筏《いかだ》での釣り漁が中心であり、網《あみ》の使用すら釜山《プサン》近辺で若干見られる程度であるという。侵略的な漁業進出を正当化する文脈のなかではあるが、海藻類などは利用されていないため、日本漁民が採取しても紛争にはならない、との論調も見られる。

釜山の朝鮮漁業協会の漁況報告では、「韓人は一般水産思想に乏しく、今尚漁業を蔑視す」と述べている。漁獲物も中国や日本向けの輸出が大半を占め、国内での魚類需要は低いために漁民の収益が薄いともする。この点は、前近代以来、動物性蛋白質《たんぱくしつ》の大半を魚介類に頼ってきた日本社会とは、食文化の上で違いがあったのではなかろうか。

当時の済州島における海女漁についても触れておきたい。日本の水産関係者の視察によれば、済州島は志摩地方と同様に島内各所に海女が居り、鮑や海鼠、海藻を採取するが、磯眼鏡《いそめがね》を使用せず、技術水準は低く海底深さ数ｍを潜るに過ぎず、日本漁民とは競合しないと主張している（ただし、深く潜る技術を有し、冷温に強いとする報告もある）。戦前期から再三済州島を調査した文化人類学者の泉靖一《いずみせいいち》によれば、済州島海女が主に採取するのは、農地を富ませるため肥料《ひりょう》として用いる海藻類であった。農業と漁業の関連性は、先に見た志摩海女の働き方と通じる面があると言えよう。

潜水器漁業と乱獲

朝鮮海の鮑や海鼠を狙って日本から進出したのは、当初は海女ではなく男の漁民であり、彼らは素潜りではなく、潜水器を用いた漁を行った。船上から空気を送り込む管で結ばれたヘルメットや潜水服を着けて長時間海底に潜水し、鮑や海鼠を根こそぎ採るのである。「日韓通漁条約」締結以前の明治一四（一八八一）、五年頃に、既に長崎漁民が朝鮮海、とりわけ済州島へ進出していたが、彼らは三〇〇名近い漁夫を雇用してこの潜水器を八〇台用意し、朝鮮海での漁を営んだ。『朝鮮通漁事情』という当時の報告書によれば、済州島で潜水器漁業が日本人の手で始められた当初は、一艘（一台）で日々四〇〇貫匁《もんめ》から五〇〇貫匁、すなわち二t近い鮑を容易に捕獲したのだという。

潜水器を用いた漁業は利益が莫大であったため、長崎の漁民を先駆けとして、以後は山口、徳島、兵庫、大分、広島、島根、香川、愛媛、福岡、熊本、鹿児島の各県漁民がこれに続いた。当初は専ら鮑を採ったが、明治二四年頃には海鼠を採るようになり、漁獲量全体の六割を海鼠が占めたという。

朝鮮海への出漁は、網漁や釣り漁など、魚種だけでなく漁法もさまざまであったが、その先駆者であると共に最も収益の大きかったのが、この潜水器漁業なのであった。しかしながらこの漁法は、一〇年余りで転機を迎える。乱獲が原因の資源減少である。潜水器漁業は「酷烈」と表記されるほど徹底して取り尽くす漁法であり、さしもの「無尽蔵」と言われるほどの豊かな漁場も枯渇してきたのである。明治二七年の『大日本水産会報』では、済州島の豊かな鮑資源の減少を伝え、日本からの出稼ぎ人の間で規約を立て、鮑の繁殖を企てるべきことを唱えている。

だが潜水器漁業は、そのような生易しい漁法ではなかったのだ。その収支を計算した記録があるが、潜水器船一台を新調する費用が八〇〇円、潜水夫一人の月給が二五円以上、船上のポンプを操作して管で海底の潜水夫に空気を送り込む乗組員は六名でその月給が七円内外は掛かり、総じて一か月に二〇〇円の漁獲高を得なければ割に合わないというのである。多額の設備投資を要する潜水器漁業では、資金回収のためにも目の前の利益を求めざるを得なかった。そして、出稼ぎの漁業であるから資源を保護して将来に備える意識など無縁で、取り尽くしても何の痛痒《つうよう》もない。乱獲となるのは必然で、次々に漁場を変えて朝鮮半島沿岸の海を荒らして行ったのであった。

彼らは、沿岸の村びとたちに忌み嫌われた。それは資源を荒らすからだけではない。他の漁民と比べて「無頼《ぶらい》の徒《と》」が多く、粗暴で地元住民と衝突を繰り返したらしい。神谷丹路《かみやにじ》氏は、この時期に日本から出漁した潜水器漁夫は零細な漁民が中心であったと指摘している。潜水器漁業は伝統的な漁民が営むなりわいではなく、危険で投機的な漁法であり、日本の漁村では活躍の場がない者たちが一攫千金《いっかくせんきん》を求めて参入したものであった。同じ潜水漁業ではありながら、この点でも海女漁とは大きな違いがあったのである。

裸潜漁業の展開

潜水器漁業が衰退していく頃から、「裸潜業《らせんぎょう》」と表記される、機械を用いない素潜り漁が徐々に広がっていく。「男裸潜業」は愛媛、熊本の漁民が目立ち、済州島から所安《ソアン》島周辺で鮑や天草を採取した。一方「女裸潜業」は、三重の漁民、すなわち鳥羽・志摩の海女が、時に「伊勢の海女」とも呼ばれつつ、数百人の規模で出漁した。多少の例外はあるだろうが、「女裸潜業」に従事した海女は、ほぼ三重県の海女に限られた。ただし、県外の漁業資本家に率いられることも多く、統計上は福岡や大分の「女裸潜業」として扱われている。

明治三五（一九〇二）年六月段階で、朝鮮海全体でさまざまな漁法を持つ日本の漁民、八三五艘、四七二人が出漁していた。そのうち「裸潜業」は、三重、愛媛、長崎、熊本、大分、佐賀の各県から一二〇艘、九五〇人であった。三重県以外の各県では、志摩海女を雇用しての裸潜業が多く、これらの多くが海女漁であったと思われるが、当時の朝鮮海出漁の全体の二割程度を占める規模であったこととなる。

朝鮮海における鮑や海鼠、海藻を漁獲物とする漁法が、潜水器漁業から裸潜業へと比重が移っていったのは、資源の減少に伴い対費用効果の点で潜水器を用いると収支が合わなくなったことに加え、「無頼の徒」の多い潜水器漁夫に比べ海女の方が統制が取れ、地元住民との衝突が少ないこともあったようだ。そして同じ「裸潜業」でも、少し風波があれば休んで飲酒に耽《ふけ》る男に比べて、志摩海女は長時間の労働にも耐え、勤勉であるとされた。

日本列島では、志摩地方に限らず房総半島や伊豆、能登、そして朝鮮海に近い壱岐や福岡、山口など、海女は各地にいる。そのなかで朝鮮半島への出稼ぎに赴いたのは専ら三重県の海女にほぼ限られたのはなぜであろうか。確証はないのだが、江戸時代から出稼ぎに出ていた経験値が高いこと、まとまった人数を確保し易く、集団の統率力を含めた技術水準が高いことが要因だと考えておこう。

越賀村の朝鮮出漁

三重県の漁民は地理的条件から、朝鮮への出漁は九州・中国地方に比べて遅れている。そのなかで先陣を切ったのが海女漁で、明治二六（一八九三）年頃には始まったと思われる。翌二七年には「遠洋漁業奨励法《えんようぎょぎょうしょうれいほう》」の制定により朝鮮出漁をした場合に奨励金が交付されるようになり、同二八年には山口県下関《しものせき》で「朝鮮海出漁組合創立会」が開催され、三重県の漁業組合にも参加が呼び掛けられている（越賀区文書）。そして次第に県外の漁業資本家が参入することで、出漁は大規模化していった。

越賀村では、北海道への進出がひと段落着いた明治二八年から朝鮮出漁が始まったようだ。朝鮮出漁には政府発行の旅券を必要とするため、出漁した漁民の年齢や戸主《こしゅ》との続《つづ》き柄《がら》等が、村文書の記録に遺されている。初発は明治二八年三月末で、朝鮮半島での漁業を掲げ、男一〇人、女一七人、計二七人で出漁した。それから間もない四月には、別のグループが朝鮮海の鮑と海鼠を目指し、男三人と彼らの妻とおぼしき者を含む女性一〇名で、大阪の松下彦兵衛支店の大池忠助を問屋《といや》として漁獲物を売り渡す契約を結び、一二月まで出漁している。

これらの出漁は、自分たちで船を仕立てて出掛けていた。越賀村での出漁形態を、最初の事例から少し詳しく見てみよう。出漁者の総代として三月三〇日に村長宛てに出願したのは、村の有力者である井上布平であった。対象物は鮑と海鼠で、それを加工・製造して横浜か大阪へ廻送し、中国向けの貿易商に委託販売する。志摩から漁船一艘と荷物運搬船一艘の二艘に海女一七名、水夫《すいふ》六名、漁獲物を加工する製造人四名、合計二七名が分乗し、出漁する。全員が越賀村の住民である。そして出漁に必要な費用は、渡航者が一人あたり二〇円ずつを用意し、それを滞在中の食費をはじめとする生活費に宛て、病人が出た場合には漁獲販売代金で補うこととした。つまり、渡航、漁獲、加工、販売のいずれをも越賀村の者たちの手で、かつ自己資本で行う形態なのである。

出漁形態の変容

だが、当初見られた越賀村独自で全過程を担う出漁形態は、明治三〇（一八九七）年以降には大阪や九州・中国地方の漁業資本家に雇用されての出漁に代わる。その場合でも船頭や漁夫、漁獲物加工に従事した男も同行するが、主体はほぼ海女となる。そして決定的に異なるのは、現地への渡航費用の一切を、また出漁中の食費、日常生活費、諸経費のすべてを、そして病気になった際の医療費も、雇用主たる資本家が賄うとした点である。彼らは潤沢な資金を準備していた。例えば明治三一年三月に越賀村の海女ら一四名を率いて釜山・元山《ウォンサン》近海へと出漁した長崎県西彼杵郡《にしそのぎ》淵《ふち》村の竹内福造は「弐万有余金」もの資財を持つ者で、そのことを雇われた海女たちは十分承知していたという。なお西彼杵郡は古来、朝鮮半島と海を通した交流が活発であった地域である。

越賀村では、明治二八年から同三四年にかけての七年間で、一四のグループが朝鮮に出漁した。延べ人数は一二九名で男四四名、女八五名であり、二度、三度と出漁した者が男一二名、女一三名いるため、朝鮮出漁を経験した越賀村住民は男三二名、女七二名となる（表3）。明治二一年の統計によれば越賀村は全戸数二九八、一六六七人、漁船

表3　近代の志摩郡越賀村出稼ぎ一覧

年	期間	目的地	概要	雇用者	名前（**太字**は複数現れる者）
明治26（一八九三）	5月30日〜	北海道・礼文島、利尻島	海産物魚介採藻の出稼ぎ。礼文島香深村松原長太郎方へ向		**山本清助**、**磯和兼松**、中村勝四郎、**小川清一**、**井上いは**、小川はつ、**中村とめ**、西岡きく、**浅原しち**、**小林小よし**、**小林ふゆ**、宮本小りん、**中村きん**、西岡よつ、**磯和つる**、**太田いち**、**谷口とよ**、井上きん、**西岡小きん**（**山本清市**、**井上太市**）
明治26（一八九三）	6月26日〜	茨城県多賀郡大津町	出稼ぎ。士族鈴木常雄方へ		小川兵次郎、小林ぎん、いし
明治27（一八九四）	5月12日〜	北海道・礼文島尺忍村	出稼ぎ。尺忍村山崎喜三郎方へ		**山本清助**、**小川清一**、**磯和兼松**、**吉田音蔵**、小川与之助、**西岡小きん**、**小林ふゆ**、小川しか、小林まつ、山村やつ、鵜丹谷ぎん、山下よね、小川てる、**谷口いち**、小川小きん
明治27（一八九四）	5月21日〜12月5日	北海道利尻島沓形村字種登内	海産事業出稼ぎ		**山本清市**
明治27（一八九四）	6月24日〜	北海道・利尻島沓形村	海産物採事業		**浅原しち**、**中村重太郎・とめ**・はつ、**井上太市**、川北しけ、太田源太郎・**いち**・まつ、**磯和つる**、越賀するゑ、**井上布平**、**太田ぎん**、**松本いち**、**小林小よし**
明治28（一八九五）	2月11日〜	北海道・利尻島沓形村	商業のため		井上太助
明治28（一八九五）	3月6日〜	北海道・利尻島沓形村	海産物採取事業		西岡文六・くす・小くす・きく
明治28（一八九五）	3月6日〜	北海道・礼文島	出稼ぎ		磯和久之助、中村儀市、**磯和兼松**
明治28（一八九五）	4月13日＋〜12月15日	朝鮮	魚介捕獲。鮑、海鼠。大阪松下彦兵衛支店大池忠助問屋売渡契約		山村久右衛門・きく、**山村三次郎・小はつ**、松井長蔵・きく、川北しげ、磯和やつ、磯和ふく、**太田いち**、磯和さく、**西岡小きん**、**中村きん**

明治28（一八九五）	3月末～	朝鮮	漁業		**西岡銀五郎**、**谷口いち**、中村みつ、太田小せん、山崎源松、磯和はる・とよ、松本しめ、**浅原しち**、**中村重太郎・とめ**・はつ、松本三吉・しも、**吉田音蔵**、中村はる、松本元次・小とめ、谷口勘十郎、**井上布平**、太田きく、小川吉太郎・はる、小林とく、**小林小よし**、小川新吉、磯和かん
明治28（一八九五）	4月16日～	九州地方	出稼ぎ		磯和幸吉、井上太之助、**太田きん**
明治28（一八九五）	4月28日～11月14日	隠岐	海産物採取事業		松本藤松・**いち**、小川てる・**清一**、**井上いは**・角之助
明治29（一八九六）	3月2日～	北海道利尻島沓形村字ヒヤコル	海産事業出稼ぎ		**磯和松之助・つる**
明治29（一八九六）	4月25日～	高知県沖島広瀬海岸付近			**西岡よそ**、谷口たつ、中村小とめ、松岡その、大石なか、**山村こはつ**、中村小いは、磯和さく、杉木安吉・たき、**中村たい**、磯和小はる
明治30（一八九七）	4月12日～10月24日	朝鮮全羅道済州島付近	海藻類採取、製造（沃度）	芦刈浅次郎（釜山港北浜町）、同幸町多田良策（釜山港幸町）、川上保太郎（大阪市東区伏見町）、山本作兵衛（志摩・和具村）	**太田万吉・万恵**、**小川善八・うめ**、小川丙朔・**小いせ**、太田藤太郎・**はつ**、**山下甚五郎**・小まつ、越賀ふゆ・かう、小川小はる、中村寅之助・**たい**、越賀小しも・くす・利右衛門、**小川善吉・はや・つる**、松井林助、天白勘吉
明治31（一八九八）	3月15日～10月30日	朝鮮（釜山港、元山港）	漁業のため。鮑、海鼠、その他海産	竹内福造（長崎県西彼杵郡渕村）	**磯和兼松**・きく・きん、**中村トモ**、**谷口トヨ**、**太田サフ**、小林ギン、浅原カド、松本セン、**松本ツジ**、**太田ハツ**、西岡ヲト、**太田万吉**、**太田万恵**
明治31（一八九八）	3月～10月30日	朝鮮（釜山近海）	漁業出稼ぎ。鮑、海鼠、その他海産	主馬太兵衛（大阪市西区江戸堀南通壱丁目）	**山村三次郎・小はつ**、**吉田音蔵**、小林きん、山村きく、**山下小はな**、**小川善吉**・林助・**はや・つる**
明治32（一八九九）	4月～11月	朝鮮（釜山港近海）	漁業	主馬太兵衛（大阪市西区江戸堀南通壱丁目）	**吉田音蔵**、**磯和松之助**、吉田為助
明治32（一八九九）	4月～11月22日	朝鮮（釜山、蔚山近海）	漁業	岡崎格太（佐賀県東松浦郡鏡村）	**山下甚五郎・こはる・こくす**

明治33（一九〇〇）	3月6日～36年（往復3年）	朝鮮（釜山港、元山港）	石花菜、海鼠、鮑採取	（共同事業）	**小川善八・うめ・新吉**、山下りん、**中村だい**、**谷口とよ**、小川こゆき
明治33（一九〇〇）	3月～10月	朝鮮（釜山港、元山港）	漁業	佐藤吉太郎（長崎市浦上渕）	**太田サフ**・テツ、松本新内・**ツジ**、小川新作・**コイセ**、磯和ギン、**中村トモ**
明治33（一九〇〇）	3月～36年3月	朝鮮（釜山港、元山港）	漁業	主馬太兵衛（大阪市西区江戸堀南通壱丁目）	谷口たね、**西岡銀五郎・よそ**、谷口たね、谷口はるゑ・才助
明治33（一九〇〇）	3月?～36年（往復3年）	朝鮮（釜山港、元山港）	漁業	豊田豊助（大分県宇佐郡長海町）	**磯和松之助**・はつ・なつ、磯和こふゆ
明治33（一九〇〇）	4月～10月	朝鮮（釜山近海）	漁業	宮添説治郎（佐賀県東松浦郡久里村伊岐佐）	井岡いと、**山下こはな**、磯和ふさ、小川よね、井上こはる、磯和きく、**山下甚五郎・こはる・こくす**
明治33（一九〇〇）	4月～36年4月	朝鮮（釜山港、元山港）	漁業	山村模太郎（志摩郡御座村）	**杉木たき**
明治34（一九〇一）	4月1日～12月3日	朝鮮（釜山港付近）	水産物捕獲採取		谷口佐平（遊備役海軍一等機関兵）

は二三七艘を有し、漁業専業の家は七戸（二〇名）、農業などを兼ねる漁戸が二〇〇戸（八五五名）という、半農半漁の村であった。単純に計算すれば三軒に一軒以上は朝鮮出漁に出た者がいることになるのだが、近隣に比べて農業の比重が高い越賀村でもこれだけの規模で海女が朝鮮に出掛けているのである。不明の者を除き平均年齢は二七・二歳であるが、男のみだと三三・四歳、女は二四・一歳と一〇歳近く離れている。「妻」の表記があるのは一七名のみで、一〇代の者も多く、独身女性が中心であったようだ。

越賀村では、海女が大挙しての北海道への出稼ぎは明治二六年から二八年の三か年に集中し（明治二九年に夫婦一組が利尻島へ出漁した事例あり）、それ以後は朝鮮半島へと転換して行ったようだ。北海道への出稼ぎから戻り、続いて朝鮮へと出漁した者は男一名、海女が七名おり、なかでも二〇代の海女四名は明治二六年、二七年と連続して北海道へ出稼ぎに行き、翌二八年には朝鮮半島に渡っている。まったく、志摩海女の活動範囲の広さには、驚くばかりである。

水産事業家に雇われる志摩海女

さて、夫を始め自村の男たちと共に志摩を発つ形態は当初だけで、次第に県外の漁業資本家の事業に参加する形となっていくのだが、彼らは、どのように志摩海女を雇用したのであろうか。

『大日本水産会報』一五八号は、明治二七（一八九四）年に大分の渡邉弥市という者が行った朝鮮海出漁の経緯について、報告記事を掲載している。渡邉は三月一日に佐賀関《さがのせき》を出発し、三重県英虞郡和具村で海女と男漁民と合わせて八五名を雇い入れ、汽船と和船《わせん》二艘で出帆した。対馬《つしま》を経て四月一五日に釜山港に着き、領事館《りょうじかん》での手続き・検査を経て慶尚道《けいしょうどう》、全羅道《ぜんらどう》で鮑、海鼠の漁に従事したという。彼ら事業家は、三重県の志摩半島までわざわざ船で赴き、海女を雇って朝鮮に向かったのである。このことは、和具村の隣村で数年後から同様の形態で朝鮮出漁に行くようになった越賀村の帳簿記録に、事業家たちの捺印のある文書が多数含まれている点からも明らかである。

大分の渡邉に限らず、九州や中国・四国地方に居る海女ではなく、わざわざ三重までやってきて海女を雇い入れ朝鮮出漁している点に、他地域とは異なる志摩海女の特質があるのだろう。

県外の事業家が海女を雇う際には、各村で一、二名の口入れ屋のような存在がいて、募集を請け負っていた。若年層を中心に親の承諾を得ず家を飛び出す者や、誘拐まがいの事態も生じたらしい。口入れ屋に少なからぬ手数料が支払われていたのであろう。志摩の警察署では、募集業者を取り締まり、海女の海外渡航の手続きを整備することとなった（『伊勢新聞』）。ただ、越賀村での参加者を見ると、親子、夫婦、兄弟を核に親族的なつながりでまとまりが築かれていて、グループの編成は村側に主導権があったと考えられる。志摩地方へやって来た事業主に対して、多くの村々では親族集団を基盤として募集に応えていたのであろう。

村の男たちと共に出漁する形態と異なり、県外の事業者たちは海女たちに前貸し金を付与し、渡航・滞在中の食料など一切を準備した。明治三一年に越賀村漁民一四名を雇い、釜山港、元山港辺りへ出漁した長崎県西彼杵郡淵村の竹内福造は、二万金余りを有すとしているように、相当額の資本を持っていることが必須条件であった。地元に海女が多いという絶好の条件にも拘わらず、県外の漁業資本家の事業に圧倒され志摩漁村主体の朝鮮出漁が廃れたのは、こうした資金の確保という面が大きかったのではなかろうか。

事業主に雇われた海女たちは、出漁中に定額の給与ではなく、すべての漁獲物を事業主に売り渡すという形で収益を得た。だが、巨額の投資をしている事業主は、海女たちから極めて安い値段で漁獲物を買い取っている。鮑を例に取れば、一貫匁（三・七五kg）あたりわずか八銭に過ぎず、驚くほど安い。

搾取される海女たち

事業主たちは海女から買い取った鮑を、主に缶詰加工業者に売却した。明治四一（一九〇八）年の『朝鮮海水産組合月報』によれば、事業主は鮑一〇貫匁を三円から三円七、八十銭の相場《そうば》で製造業者に売り渡すという。単純に海女からの買い取り額と比較すれば、事業主はその四倍で売却したことになるが、その差額から日々の食費など生活費や渡航費を差し引いた分が事業主の利益となる。これは妥当な取り引きであろうか。

当時、蔚山《ウルサン》以北、江原道《こうげんどう》の竹辺に至る間で「裸潜業」を営む船が二三艘あったが、愛媛県の男裸潜夫による四艘を除き、残りは皆、志摩海女たち計一九四名を雇ってのものであった。彼女たちの漁獲高は一人一日で最低でも五貫匁、最高は二〇貫匁余、平均して十三、四貫匁だという。二〇貫匁を一個二〇〇gほどの鮑に換算すれば、一日で四〇〇個近くも採ったことになる。仮に海女が二〇貫匁を採った場合、海女自身の売り上げ額は一円六〇銭であるのに対し、買い取った事業主の製造業者への売却額は六円から七円六〇銭となる。売買差益は、海女一人あたり月に一三二円から一八〇円に上ることとなろう。

では、事業主によって賄われる海女の食費など日常生活費はいかほどであろうか。明治四三年に淡路《あわじ》の事業家森野正気が志摩海女を雇った際には、一か月の生活費を一人あたり三円五〇銭（一日で一〇銭強）と計算しており、どう考えても漁獲にあたる海女に比べて事業主の利益が不当なまでに大きい。事業主は、数十人、時に一〇〇人単位で海女を雇用していたのであり、五〇人の海女を抱えた場合に一人一日あたり一〇貫匁の採鮑量で、生業日数が半分と考えても、月に二〇〇〇円前後の収入を得たことになる。

当時の『伊勢新聞』には、志摩海女たちが三か月から半年の朝鮮出漁によって数十円、稼ぎの多い者は一〇〇円を手にして帰郷するということが、驚きと地元女性への誇りを込めて記されている。豊潤な資源に支えられ、朝鮮に出漁した海女が持ち帰る額は、確かに小さくなかった。その額面に惹かれて雇われていった鳥羽・志摩の若い海女は多かっただろう。だが、彼女らが産みだした富の総額に比すれば、その取り分はあまりに小さく、雇用主に「搾取《さくしゅ》」された分が多大であった。それは、漁場への渡航や生活必要物資の用意、漁獲物の加工や販売などの一切を雇用主たる事業家に委ね、自身は鮑などを採るだけの「海女専業者」となったことの代償であった。

4　朝鮮半島への影響

済州島海女の増加と島外進出

朝鮮海への出稼ぎは、侵略的な国策に後押しされて行われたものである以上、地元から歓迎されるはずがなく、紛争も絶えなかった。だがここで問題にしたいのは、朝鮮半島の海岸線の漁業資源を荒らし、豊かな海の富を奪ったというだけではなく、日韓の海女の生業や社会構造に及ぼした影響の中身である。日本漁業の進出は、経済的には朝鮮半島にとって必ずしもマイナス面ばかりではなく、漁獲物輸出販路の拡大により新たな収益をもたらした面もあった。だが同時に、海女たちの働き方や海女漁村を大きく変容させることとなったのである。

先にも記したように、鳥羽・志摩の海女が進出する以前には、海女がいるのは済州島のみで、しかも主として農地改良用の肥料となる海藻を採る海女漁であった。だが、日本からの海女の出稼ぎを契機に、済州島海女のなりわいにも変化が生じる。

佐賀県内務部の者が明治三三（一九〇〇）年に、朝鮮漁業視察後に作成した復命書によれば、この頃から済州島海女四〇名余が蔚山湾内に出漁していた。その数年後には、五、六十名から一〇〇名の規模で、天草採取に出稼ぎする済州島海女の様子が報告されている。その数年後には百数十名と人数を増し、明治四三年の記録では、「韓海婦」四〇〇〇人が咸鏡南道《かんきょうなんどう》から江原道方面へと出漁しているという。彼女たちは当初は磯眼鏡を使用せず裸眼での潜水漁であったものの、日本人商人から中古の磯眼鏡を購入し、全員が着用するようになった。しかし、漁船の設備が乏しいために遠い漁場へ進出することはなかった、とする。

このことは、日本人資本家に雇われての出漁ではなく、韓国側漁民独自の動きであることを示している。ただし海女だけの出漁ではなく、彼女たちを率いる「親方」が存在し、沿岸の村々に「網代」として漁業権を買い取り、収穫物の半分を渡す形で漁を営んでいた。

志摩海女の朝鮮出漁が本格化した一九〇〇年前後に、済州島から朝鮮半島への海女出漁は、間違いなく組織的に行われ、その数も急速に増加した。そしてこれは、済州島で漁を営んでいた海女が漁場を移動したというだけではなく、海女の数自体が増加した結果でもあった。明治四三年の『朝鮮海水産組合月報』によれば、済州島の海女は一〇〇〇人前後に過ぎなかったものが、近年になって著しく増加し、三〇〇〇人にも及んだと伝えている。大正九（一九二〇）年二月の『京城日報《けいじょうにっぽう》』は、済州島から慶尚南道沿岸の出稼ぎ海女は、四、五年前までは六、七百人程度だったものが、昨年は千六、七百人に上り、済州島の海女自体が人口全体約二〇万人のうち一万人を占めるまでになっていること、ゆえに資源保護のために出漁人数を制限する必要がある、などという見解を報じている。

海女の人数はどこまで正確なものか分からないが、済州島の海女が激増した要因は、何より海藻の値段が騰貴《とうき》したことにあった。彼女たちは資金を前借して海藻を採取し、それらは釜山の海藻問屋に売却され、問屋から日本へ輸出されていった。

韓国漁業の飛躍と乱獲

海女漁に限らず、この時期に韓国漁業は飛躍的な進歩を遂げていた。明治四〇（一九〇七）年に朝鮮半島を視察した大日本水産会会長の村田保は、近年は済州島の漁民が日本の船や漁具を用いており、それによって収益を上げるため、好日的な様子であることを強調している。同時期の政府関係者も、技術水準の向上と漁獲物の販路拡張により、韓国漁民の漁獲高は以前の三倍にも達しているとした。侵略的進出を正当化する傾向はあるが、それだけだと言うことはできない。

日本の海女の出漁が済州島の海女を刺激し、競って朝鮮半島へと出稼ぎに赴くようになったことは、これまでも指摘されてきた。だがそれは、海女同士の接触や対抗意識、日本人漁業家の雇用など、直接的な関係に基づくものではない。日本水産界の朝鮮海進出により漁獲物の商品価値が高まり、海産物流通が活発になったことが第一の要因であり、その利益に着目した現地商人らの働きかけによって、済州島に新規の海女漁従事者と出稼ぎ人が増加したのである。明治末年頃の『朝鮮海水産組合月報』によれば、済州島からの海女船の出漁について、資本主として済州島の康華鳳、元山の金敢三、「薪島」の尹泰善という者たちの名前が挙げられている。

日本人漁業家が済州島の海女を雇用した形跡もある。往復旅費が不要で給与額も抑えられるため、韓国漁民を歩合で雇い、あるいは韓国の漁業経営者と共同経営を試みるメリットは、一般論として指摘されていた。淡路出身の森野正気という人物は、蔚山で缶詰工場を設立し、淡盛商会という会社組織を設立して活躍した水産家であるが、典拠は不明ながら、朝鮮人海女を雇って鮑を採らせ、缶詰を製造したと伝えられる。また大分県の水産事業家の渡邊弥市も、済州島の海女三〇名を雇用したとされている。

だが、潜水器の漁夫を含め、現地での雇用は決して一般的なものにはならなかった。親類縁者などとの関係を重んじる韓国にあっては、金銭契約のみでは容易に雇用に応じず、安定的に海女を確保することが難しかったらしい。志摩海女が朝鮮海の潜水漁で重宝されたのは、こうした事情もあった。

さて、日本の海藻需要を背景に、漁業資本家に雇われての出稼ぎ漁は、乱獲につながるのは必然であった。この時期の『京城日報』や『朝鮮海水産組合月報』は、従来は海藻をもぎ取る程度であったものが、昨今は小さな海藻まで、生えている石もろとも抜き取るような採り方をしており、海藻資源が根絶しつつあることを伝えている。沿岸の村々に一定の入漁料を支払って行われた出漁ではあったが、地元の問屋や沿岸漁民との間で紛争が生じ、官庁による出兵がなされることもあるほどだった。

志摩海女が、当時の国策により、結果として朝鮮半島への経済的侵略の一端を担ったことは間違いない。だが、外部の資本家に資金を前借りして雇われ、「自分たちの漁場」という意識の希薄な遠隔地の海で海底の魚貝や海藻を乱獲し、沿岸漁民との紛争を引き起こしたという点においては、志摩海女も済州島の海女も、共通する性格を持っていたと考えられるのである。

朝鮮半島での日韓漁民の衝突

「磯売り」などに基づく日本列島内での出稼ぎとは異なり、地元の了解もなく侵略的に出漁した日本の海女は、攻撃を恐れて上陸せず、船上で暮らしたとの話が、聞き取り記録などからも伝えられている。

日本漁民と韓国住民との紛争は、実際に頻繁に発生していた。特に磯場で漁をする潜水業者との間での問題が多かったようである。明治二四（一八九一）年の旧五月から六月にかけて、済州島の北岸の漁民たちが断続的に蜂起して日本側の潜水業者と紛争となり、住民側に二、三名の死者が出たことが伝えられる（「済州島事件」）。朝鮮半島沿岸でも、済州島海女に「磯売り」形態で海藻の漁獲権を与え村費を補っていた村々と、やはり潜水業を営んでいた日本漁民との間で紛争が生じた。日本と韓国との間で明治二二年に結ばれ、翌年公布された「日本朝鮮両国通漁規則」には、魚介類の捕獲については明記されるものの、海藻についての規定がなかったことも起因していた。

潜水漁業者たちは荒っぽい男たちが多かったようで、明治四一年には長崎の男海士二〇〇名が武器を携帯して漁船一五艘に分乗し、江原道の漁民を討ち尽くすごとき勢いで出船したこともあった。

この時期には政府関係者が再三にわたり朝鮮半島を視察しているが、その主な目的は頻発する紛争が直接・間接に日本漁業者に不利益をもたらす事態を憂慮し、回避策を講じることにあった。視察後の報告書では、非は日本側漁民にあると断じ、それは領事館や居留民たちにも認識されているとする。日本漁民に自制を求める論調も多くみられた。

だが、紛争に際しての実際の対応は、強圧的なものを含んだ。明治二四年の済州島における衝突時にも、事件の取り調べを口実に帝国軍艦がやってきた。以後も政府に対して軍艦の派遣を求める論調が見られる。海女を含む日本漁民の朝鮮出漁は、端的に言えば軍艦に守られた漁であったのである。

日韓の文化摩擦と磯着

日韓漁民の衝突は、もちろん日本側の侵略的出漁が主たる原因なのだが、相手への認識や風俗習慣の違いに基づく面もあった。特に屋外で肌を晒《さら》すことへの意識に、大きな違いがあった。日本の漁民は海上で裸体同然の姿であり、上陸しても衣服はまとうものの足は剝き出しで帽子もかぶらない。視察報告書類によれば、貧富に限らず外出時には全身を衣服で覆う韓国の住民にとって、日本漁民の身なりは容認し難いものであった。また、韓国では女性のみが暮らす家には男は入らないのが守るべき作法だが、日本漁民は物資を得るために無遠慮に闖入《ちんにゅう》して現地住民の怒りを買い、言い争いから腕力、瓦石《がせき》や棍棒《こんぼう》まで用いた紛争が生じているという。

当時の日本側の視察団や政府関係者も認識していた通り、男女の別や長幼の序を重んじる儒教《じゅきょう》道徳的観念が浸透していた韓国民衆から見れば、日本漁民の言動は野蛮なものでしかなかった。日本漁民側には韓国の漁業技術水準を軽侮する傾向があったが、韓国側からはその立ち居振る舞いが軽蔑の対象となっていた。政府はこれが衝突の背景と考え、韓国出漁の手続きに際して、裸体を避け衣服を着すこと、女性のみの家屋に入らないことなどを列挙した誓約書を提出させている。

ここで問題になっているのは、しばしば「無頼の徒多く、人気粗暴」と評された潜水器漁業者たちであったようだ。海女の衣服などについて直接言及するものは今のところ見出せていないが、屋外での裸体を忌み嫌う韓国住民を刺激しないよう、彼女たちの装いに影響が及んだことは十分考えられる。

江戸時代には上半身裸で潜水漁を営んでいた志摩海女たちが、近代以降に、いつから磯着をまとうようになったのかは諸説あり、また地域差も個人差も大きい。怪我から体を守るという面はあるだろうが、磯着は海に潜り、作業をする上での機能面では必ずしも有効とは言えない。磯着は海女漁のなりわい自体の便宜からではなく、他者の視線を意識することで生まれたものなのである。明治後期に御木本幸吉《みきもとこうきち》が経営する真珠養殖場において内外の要人に海女の作業を見物させる際にも、失礼のないようにと裸体ではなく磯着を着用させていた。

朝鮮出漁から戻った海女は、地元では以前通りの姿で潜ったであろうし、要人の見物に備えての磯着着用も、実際の漁にそのまま用いられたとは考えにくい。戦後でも半裸体で潜っていた海女は間違いなくおり、そうした姿が完全に消滅するのは、ウェットスーツが普及する一九六〇年代まで下る。だが、その間に磯着が徐々に定着していく過程で、朝鮮出漁時の文化摩擦が影響したことは、十分考えられる。

朝鮮半島からの出稼ぎ

日本の潜水漁業の進出は鮑や海藻の商品価値を高め、済州島海女の活動を刺激し、もともとは海女漁不在の地である朝鮮半島へ進出していくことになった。そして、低賃金で長時間労働に耐える彼女たちを商人資本が積極的に雇用したことも影響して、鳥羽・志摩からの海女の朝鮮出稼ぎは次第に衰退していくことになる。

李善愛《イソンエ》氏が明らかにしたように（『海を渡った朝鮮人海女―房総のチャムスを訪ねて―』）、済州島海女の活動範囲は朝鮮半島のみにとどまらず、二〇世紀に入ると日本にも出漁するようになる。特に一九二二年に始まった済州島と大阪を直行便で結ぶ「君が代丸」の就航により、済州島の海女が大阪を経由して日本各地の漁村に出稼ぎにやって来た。

済州島海女の日本への出稼ぎは、紀伊半島域を含む各地で現在も続いている。時に観光ビザなどで非合法的に潜水漁を営み、入国管理局に摘発されてしまうこともある。

5　変わりゆく鳥羽・志摩の漁村

越賀村での海女専業化

明治三〇年代から大正期にかけて、朝鮮半島沿岸において漁業資本家により、大規模かつ組織的な海女漁業が営まれた。志摩海女に即して見れば、地元まで募集に来た者に応じて、何の準備も必要なく前貸し金を受け取って出漁し、その代わり採った物はすべて雇い主に売り渡した。出漁中は船中で過ごし、時に二年、三年にわたることもあった。その間、志摩海女たちは、他のなりわいを持たぬ「専業海女」となった。

近代以降の海女の出稼ぎは、距離の面でも期間の点でも、江戸時代までとは比較にならないほど大規模化した。朝鮮出漁だけでも、毎年数百人の志摩海女が故郷を離れていった。そのことは、志摩漁村の生産構造に多大な影響を与えることとなる。

これまでも再三取り上げてきた先志摩半島の越賀村を事例に、この影響を考えてみたい。享保一一（一七二六）年に鳥羽藩へ提出された村明細帳によれば、越賀村は一五四軒に七一〇人が居住し、四七〇石の村高を有していた。住民人口に比しての村高は近隣の村々に比べて高く、海女漁を中心とする漁業と農業、そして低地帯の山林における柴・薪などの燃料採取で生計が立てられていた。先志摩半島の土壌は一般に粘土質で、田畑の質は必ずしも良くはなく、等級としては「下田《げでん》」と畑地が過半を占めているが、現在の状況からすれば驚くほどの耕地があった。越賀村を含む先志摩半島の五か村で、志摩国全体の一割強にあたる合計二一一〇石もの田畑が存在していたのである。

ところが現在の先志摩半島は、近代以降にさしたる宅地造成や開発事業は行われていないのにも拘わらず、田地は完全に消滅し、畑地も自家消費用にわずかに残るだけである。元は田畑であった地は、藪《やぶ》や灌木《かんぼく》が生い茂っている。先志摩半島の田畑は、おそらくは中世後期以来、住民らが低山地帯を営々と切り開くことで生み出されたものと思われるが、現在は開墾以前の景観に再び戻っているのである。高度経済成長期の土地利用の変化が大きいとの指摘もあるが、私は農地荒廃の起点は、明治末から大正期にかけての生産構造の変容ではないか、と考えている。

江戸時代の越賀村は典型的な半農半漁の村であり、もともと漁業を専業とする家は例外的な存在であった。大正八（一九一九）年一月に越賀村役場で作成された「農工商　第二種」という冊子があり、当時の村の生産構造と、その変容の様相をよく伝えている。そのなかに農業を兼業とする漁家《ぎょか》の状況が記されるが、売上額で見ると米は一〇三四円、麦が一〇〇八円、甘藷《かんしょ》が二八八六円と、畑作の比重が高い。甘藷作りの従事者がほぼ農業従事者の数に近いと思われるが、男女別で見ると男七四人に対して女は三二六人であった。女が男の四倍強であり、少なくとも漁家において、田畑の耕作は主に女性によって担われていた様相が見てとれる。ただし、農産物の生産額総額を従事者総数の四〇〇人で割ると、一人当たり一二円に過ぎない。

さて同じ史料中には、漁家の副業の変遷について、興味深い記述が見られる。越賀村は昔から農業を本位とし漁業を副業として生活を営んできたのだが、近年の漁業の発達と共に漁業を専業とする者が増加し、それに従って農業に対する認識が「冷淡」になった。とりわけ昨今は、水産物の価格が急騰したことにより漁業に熱狂する者が多く、副業としての農業がほとんど顧みられないほどだ、というのである。

別の箇所では、漁業者の増加は特に「鮑漁業」について顕著だと言う。他の統計でも、漁業を主たる生業とする者が、特に女性について急増したデータが確認できる。つまり、この時期に海産物価格の高騰を背景とする漁業専業者の増加とは、具体的には女性、すなわち海女の増加であった。そして彼女たちは地元での農耕作の比重を落とし、漁業に専念するようになっていったのである。

「漁業バブル」と田畑の荒廃

村内の女性が漁業への従事を強めただけでなく、村外から女性が流入することで女性の人口比が高まった。だがそれは、乱獲の危険性が高まることを意味し、漁期制限など資源管理が強化されるようになる。この状況も、朝鮮半島への出漁を後押しした。そして何より、漁家副業としての農作の収益が一人一年で一二円程度にとどまるのに対し、朝鮮出漁の海女は数か月の働きで数十円から一〇〇円近くもの大金を持ち帰ったのである。雇い主への売り渡し価格が不当なまでに安くとも、漁獲量がもたらす現金収入の額は圧倒的に大きかった。

越賀村に限らず志摩の女性たちは、季節や天候により海女漁に出られない時は、農作業や山仕事などさまざまななりわいを営んでいた。それにより、志摩の田畑は維持されていた。熊野灘などに出稼ぎに赴くことはあるが、それも多様ななりわいの一つであり、耕作に支障が出るほどではなかった。だが朝鮮半島への出稼ぎは、段違いに規模が大きく、長期的な出漁となった。農作の主な担い手であった女性たちが長期の出漁に赴いた結果、志摩半島の田畑は、一部は残された女や男の労働力で補われたことであろうが、徐々に荒れ果てていったのも当然であろう。

明治後期から大正期にかけての時期は、越賀区文書が漁業への熱狂と表現するように、いわば「漁業バブル」とでも言うべき状態にあった。朝鮮半島への出漁とそれによる収益は、漁業資本家たちに莫大な利益をもたらした。そして彼らに雇われた海女たちも、事業規模全体からすれば不当に安いとはいえども、それまでの村でのなりわいでは手に入れられないほどの収益を得た。だがそれは長続きせず、乱獲によって収支が合わなくなると共に、朝鮮出漁は衰退していく。自分たちの漁場という認識のない出稼ぎ漁業自体が乱獲に陥り易いわけだが、大規模化し、外部商人に雇われた漁業は、なおいっそう資源を守る意識は希薄であり、目先の利益を貪り続けることで、資源は枯渇していった。

朝鮮出漁による経済変動は、出稼ぎ先の朝鮮半島にだけでなく、出身地の志摩半島にも、生産構造の面で重大な影響を及ぼした。敢えていえば、元の姿には戻れないほどの大きな傷痕を刻みつけることになったのである。

海女漁の変容

潜水漁業に限らず日本漁民の朝鮮半島進出は、地元住民との間で物理的、経済的、文化的衝突を引き起こしたが、中国向け輸出品の原料として漁獲物の商品流通を飛躍的に活発にした。それは一面で、日本漁民たちのみならず、韓国の漁業者たちをも潤したことは間違いない。済州島の海女は、なりわいの場を求めて島を出て朝鮮半島沿岸に進出し、定着していく者もいた。

だがそれは、志摩海女たちと済州島の海女たちのいずれをも、漁業資本家に雇われ、収穫高に応じて歩合給を得るだけの存在に変えてしまった。彼女たちは、それまでのように漁と共に獲物を加工し販売する工程からは離れ、ただ潜水して獲物を採るだけの専業海女と化した。

志摩漁村での海女漁は、海女たちとその家族、属する村の者たちが、漁獲から獲物の加工、販売までの全過程を担っており、採った魚貝の価値に見合う収益を確保できた。だが朝鮮半島への出稼ぎは、当初は志摩独自での出漁形態も見られたものの、その経済規模が格段に大きくなったがゆえに、多額の資金を有する外部資本家が主導するものに移行し、海女たちは事業全体のなかでは原料を採るだけの存在になってしまう。そのことと引き替えに彼女たちは、農作業や山仕事を合わせ行っていた頃に比べ、大きな収入を得られるようになる。その時に海女は、他のなりわいを捨てる。いったん耕作の鍬《くわ》が入らなくなった農地は、荒れるのは早い。もともと山地であった志摩の田畑はなおさらである。

先々のことを考えず目の前の魚貝を採り尽くす漁、大規模な経済原理の下で特定の魚貝を採ることだけに専念する働き方、これらは本来の海女漁の姿ではなかった。伝統的な海女文化とはかけ離れた形で行われたのが、朝鮮海への出稼ぎだったのである。

近代の海女言説の虚構

「漁業バブル」の時期、三重県の地方紙『伊勢新聞』では、地元固有のなりわいである海女を紹介する記事を何度も連載している。その内容は、戦前期の瀬川清子や、地元有力者の伊藤治らが聞き取りや当時の見聞によって著述したものと共通する部分が多く、現在まで志摩海女の特質として語られる傾向がある。それは志摩地域における海女の経済的な力を強調するものであり、代表的な言説は「男一人を養えないようでは一人前の女ではない（腕が良くないと夫を迎えられない、男は遊んで暮らせる）」「女児が誕生すると喜び、男児だと落胆する」、そして腕の良い海女が一人いれば家計も安泰なため、他所から幼女を養子に取り、海女に仕立て上げることも盛んに行われる、などとされる。事実、越賀村の大正年間の記録では、女性人口が急増して比率を高めていた。

だが、このような人工的にして不自然な人口構造は、江戸時代の志摩漁村では確認できない。村で毎年作成される宗門人別改帳《しゅうもんにんべつあらためちょう》には、一年ごとの生死と嫁入りや養子入りなどの移動状況が記されるが、他所からの養女が特段に多いとは言えないのである。海女の経済力の大きさは「漁業バブル」が発生した一時期のことであり、海女の長い歴史のなかで、一般的なことではなかった。

江戸時代の志摩漁村の海女は、よく働いたことであろう。だが、男たちも遊び暮らすことなどなく、負けず劣らず働いたのだ。前近代の第一次産業の場では、男女共稼ぎが当たり前であったが、海女漁村では夫婦・親子が時に協働し、時には家庭内で分業し、一緒に出稼ぎに出、あるいは別々に赴くなどしていた。そして、父親、夫の働きによる主たる収入を前提に、家事や育児を担当しつつ、小規模で多種多様ななりわいの組み合わせの一部として、海女漁が成り立っていた。

先に、明治前期にまとめられた『三重県水産図解』で、女に比べて欲望に駆られる男の潜水漁は危険だとして禁じられたという記述を見た。なぜ男ではなく女が潜るのか、という問いへの回答の一つになるのかもしれない。だが、生来の欲望に男女の違いがそれほどあるとは思われない。海女漁は本来、それだけで家庭の生計を左右するようなものではなかった。だからこそ、無理をしない働き方ができ、自然に寄り添った持続可能な漁とも成り得たのではなかろうか。

四　観光海女の歴史

1　海女と観光

観光海女の「あまちゃん」

近年、海女について世間の注目が集まったのは、何より二〇一三年上半期に放映されたＮＨＫの朝の連続テレビ小説「あまちゃん」の影響が大きい。舞台となったのは岩手県久慈《くじ》市の小袖《こそで》海岸であるが、この地の海女は純粋な漁業者としてウニを採るのは年間わずか二日だけで、後の期間は岸壁近くでウニ漁の実演をし、観光客から見物料を取り、その場でウニを売ることで収益をあげる「観光海女」である。「あまちゃん」の主人公、都会生まれの女子高生アキが、当初は祖母に憧れて海女を目指すが、後に東京に出て芸能活動に入るのも、その限りでは不自然な筋道ではない。

テレビの人気番組の影響力は絶大で、これ以後マスコミで海女が取り上げられることは格段に増えた。だがそれは、ソースが「観光海女」であったがゆえに、誤解を伴うことも少なくなかった。あるテレビ局から「海女さんはどこから給料を貰っているのですか」という電話取材を受け、きょとんとしたことがある。「海女は漁業者ですよ」と答えると、あちらもびっくりしていた。

反発と批判―碧志摩メグ騒動―

観光業の比重の高い鳥羽《とば》・志摩《しま》では、宣伝ポスターやパンフレットなどで海女の写真が使われることが多い。さまざまなイベントにも、しばしば海女が登場する。だが、海女を観光に利用することには、海女さんや漁業者たちに根強い反発がある。「海女は見世物《みせもの》じゃない」との声も何度か聞いた。

戦後、漁村や離島の民俗を精力的に調査して歩いた民俗学者の宮本常一《みやもとつねいち》は、志摩を中心に観光海女が発達し、次第に福井県の東尋坊《とうじんぼう》や千葉県御宿《おんじゅく》、さらに能登半島沖の舳倉島《へぐらじま》にも広がっていったことについて「いずれにしても、人の働く姿が、観光対象になったということは、その職業の衰亡を物語る以外に何ものもないであろう」と厳しく批判している。私自身、海女文化に関わりだした頃はこれに近い感覚を持ち、観光海女など基本的に邪道であり、見世物にするようなものではない、と考えていた。

宮本常一の嘆きと憤りの対象は、宴席に出て客のもてなしをする芸者《げいしゃ》海女、そしておそらくは、時に春をひさぐような女性たちであったろう。肌を半ば晒《さら》して漁をする海女は、しばしばエロチックな興味関心を呼びがちで、性的欲望の対象となることへの非難と反発は当然である。

二〇一四年から翌年にかけて、志摩市が観光振興を意識して公認した萌えキャラ「碧志摩《あおしま》メグ」の姿が、女性蔑視の性的描写として一部の海女から批判を受け、公認が撤回されるという騒動があった。いかにもアニメ風の、若くてかわいらしい海女なのだが、すらりと伸びた素足と白磯着の下の乳房がことさらに強調されているというのである。もちろん、海女漁の実態と大きく異なるのは間違いないのだが、「萌えキャラ」というのは大体がそんなものであり、私の知る限り、大半の海女さんたちは特段気にもしていなかった。いささか過剰な反応ではないかと感じたものの、これも漁業者たる誇りを持つ海女たちの、見世物として好奇の視線を注がれることへの反発であったろう。

だが、大相撲の白鵬《はくほう》や大リーグで活躍する大谷翔平、芸能人の北島三郎からＡＫＢ48まで、いずれも「見世物」なのである。見世物とは、観客が魅力を感じるからこそ見世物たり得るのであるが、では観光海女の魅力とは何なのか。観光海女は何時の時代から生まれ、そしてそれは性的な関心からのみ、存在したものであったのだろうか。観光海女の歴史を辿り、海女の「観光利用」のあり方を考えてみたい。

2　江戸時代の見物される海女

『伊勢参宮名所図会』と海女見物

何をもって観光海女と規定するかは問題もあろうが、ここでは外来者に潜《もぐ》る様子を見せることで報酬を得る者、ぐらいにしておこう。その意味での観光海女は、江戸時代の伊勢志摩に間違いなく存在していた。そしてそれは、参宮《さんぐう》文化と関わっていたものと思われる。

庶民の旅文化が盛んになるにつれて、名所旧跡を挿絵《さしえ》入りで詳しく紹介する「名所図会《めいしょずえ》」シリーズが、上方《かみがた》の書肆《しょし》により編集・刊行されるようになった。古記録の紹介に加えて実際の調査に基づく記述も見られ、地域ごとの歴史書、地理書としての性格もある。京都を対象とする安永《あんえい》九（一七八〇）年の『都《みやこ》名所図会』を嚆矢《こうし》とし、以後寛政《かんせい》三（一七九一）年の『大和《やまと》名所図会』、同八年『和泉《いずみ》名所図会』、『摂津《せっつ》名所図会』と続くが、同九年五月に、街道《かいどう》を辿りつつ、道沿いの名所を描く新しい形態の『伊勢参宮名所図会』が刊行された。以後、東海道《とうかいどう》や木曽《きそ》路、善光寺《ぜんこうじ》道を対象とする「街道シリーズ」が展開していく。『伊勢参宮名所図会』は、序文を京都在住の公家《くげ》で伊勢《いせ》神宮《じんぐう》の祭主《さいしゅ》の地位にあった藤波季忠《ふじなみすえただ》が、跋文を浪速《なにわ》の知の巨人として知られる木村蒹葭堂《きむらけんかどう》が記し、文は先行した名所図会シリーズでも関わった秋里籬島《あきざとりとう》や秦石田《はたせきでん》、挿絵は上方の画家蔀関月《しとみかんげつ》と西村中和《にしむらちゅうわ》が担当した。好評を博したのであろう、享和《きょうわ》二（一八〇二）年、嘉永《かえい》元（一八四八）年と版を重ねている。

全五巻から成り、第一巻は京都三条大橋《さんじょうおおはし》から始まって第二巻で一身田《いっしんでん》（津《つ》）にまで至る。第三巻は桑名《くわな》を起点として伊勢へ渡る宮川の手前まで、主に参宮街道沿いを紹介している。参宮街道の半ば、津を少し過ぎたところに小加良須御前社（現在の香良洲神社《からすじんじゃ》）があり、天照大神《あまてらすおおみかみ》の妹神稚日女命《わかひるめのみこと》を祀るため、多くの参宮客が参拝した。香良洲の地は雲出《くもず》川《がわ》が伊勢湾に注ぎ込む三角州にあり、神社も海に接しているのだが、『伊勢参宮名所図会』では、この磯から漁船を借りて津の港に至る航路があるとして、その際の楽しみを二つ紹介している。一つは船から釣り糸を垂らして魚を捕ることなのだが、もう一つが「又あまのかづきなどさせて興とす」、すなわち海女を雇って潜らせ、一興とする、というのだ。最初にこの記述を見出した時には驚いたのだが、しかし伊勢湾のこの辺りは砂浜で、海女漁は存在しない。どう考えてもこの記事の内容は誤りであろう。

ただ、当時の社会で海女を雇い、潜るのを見物するという楽しみが存在したことは示されている。『伊勢参宮名所図会』では、記述の対象となった場所の間違いが他の箇所でも見られ、おそらくは志摩で行われていたものが、香良洲海岸での記述に誤って挿入されてしまったのではないか、と思われる。

道中案内記と海女見物

『伊勢参宮名所図会』ほど詳細な情報は記されないが、旅人が持ち歩くのに便利な小型の道中案内記も、江戸時代中期以降盛んに出版された。安永四（一七七五）年に刊行された『伊勢道中記《どうちゅうき》』では、志摩国磯部《いそべ》にある伊雑宮《いざわのみや》の御《おん》師《し》中山安大夫の所で一宿した後、ここから安乗浦《あのりうら》への行路について、次のように記している。なお、当時の参宮の旅は、志摩まで足を延ばすことが少なくなかった。

此所より船をかりて安乗の浦と云所へ行、内海三り有、扨此浦にて海人女《あまおとめ》をやとひ、蚫等とらせてなぐさむなり

伊雑ノ浦から的矢《まとや》湾《わん》を経て安乗浦へ、三里の船旅を示しているのだが、実際に海女漁を営む者たちがいる安乗浦で、海女を雇って鮑《あわび》を採らせるという娯楽を紹介しているのである。こうした興行の存在が、『伊勢参宮名所図会』にお

いて伊勢湾の香良洲沖合いで行われたかのような間違いを生んだのではなかろうか。

ただし、道中案内記ではこのように記されるものの、志摩での史料や、志摩を訪れた旅人の記録に、海女の実演を見物したという記述は、いまだ見いだせてはいない。本当に江戸時代に、外来客相手の「観光海女」は存在していたのであろうか。

二見浦で行われた海女実演

ようやく見付けた海女の実演は、思わぬ場所でのものであった。伊勢参宮前の浄《きよ》めの場所であり、夫婦岩《めおといわ》（江戸時代は立石浜《たていしはま》と称された）で有名な二見浦《ふたみがうら》の荘《しょう》という地区に残された古文書、「旧記」と表題のある冊子《さっし》中の明和《めいわ》九（一七七二）年三月の記事に、次のような記載が見える。

　一、辰ノ三月十九日、京都御所《きょうとごしょ》長橋之局《ながはしのつぼね》御参宮と申、山田御師七之神主并ニ内宮《ないくう》藤浪様より御馳走有之、立石浜ニ新御休所出来、廿日に浜へ御出、四つより八ツ過迄御遊、あまをよび蚫をとらせ、網《あみ》を引かせ御慰有之候

長橋局《ながはしのつぼね》とは天皇に近侍する女官《にょかん》であり、その伊勢来訪に際して外宮《げくう》及び内宮の最も高い家格《かかく》を持つ神主《かんぬし》が御師として接待にあたった。参宮後に立石浜＝二見浦へ訪れるというので、あらかじめ休息所を用意している。

なお、「旧記」の他の記述では、地元では長橋局ではなく仙洞御所《せんとうごしょ》であるとの風聞が立ったという。該当するのは明和七年に譲位《じょうい》した女帝《じょてい》の後桜町上皇《ごさくらまちじょうこう》であるが、そのような事実はなく、神宮《じんぐう》長官家の公務記録を見ても長橋局であったことは間違いない。昼前後、今の時間に直して四時間ほどのゆったりした海辺遊びであったようで、村人たちが掃除をして備えていたにも拘わらず御塩殿への立ち寄りはなかったとあることから、二見浦での遊興をとても気に入ったようにみえる。その「御慰」＝娯楽が、網を引いて魚介を採る様子と、海女を呼んで鮑を採らせるのを見物する

ことであったのである。

しかしながら、二見浦は志摩国と接するが伊勢国内であり、なにより海底は砂地で鮑や栄螺《さざえ》などの貝類は採れず、歴史的にも現在も海女漁は存在しない。「あまをよび」との表現は、地元の漁業者ではなく他所から呼び寄せたようにも読める。志摩から獲物の魚貝と共に海女を招き寄せ、あらかじめ海底に沈めておいた鮑を採る、虚構の海女漁を実演して見せたのではあるまいか。そしてこれは、長橋局のような賓客向けの特別なサービスであったのだろう。

3　浮世絵に描かれる海女

貴人遊客の海遊びと海女

二見浦で海女が潜り、それを高貴な見物人が見物するのは、実は浮世絵《うきよえ》の世界ではお馴染みの構図である。ここで、鳥羽市立海の博物館学芸員縣拓也氏の労作『浮世絵から見る海女』（海の博物館刊、二〇一六年）の助けを借りて、浮世絵に描かれた海女について見ておこう。

現在、確認できる限り国内外で八〇種ほどの浮世絵に海女が登場するが、そのなかで最も早い時期の作品は、文化四（一八〇七）年に刷られた歌川国貞《うたがわくにさだ》「二見ヶ浦　初日の出」である。着飾った旅行者が、夫婦岩の初日の出と富士山を遠望する様子がモチーフだが、その後景の海中に舟に乗り、あるいは潜水する海女を含む漁民たちが小さく描かれている。

志摩国との境界に接する二見浦には大小二つの岩が並び立ち、そこから日が昇り、背後の海上遠くに富士山を眺める風景は名所として知られ、多くの旅人が訪れていた。

図13　歌川豊国「光氏磯辺遊の図」（三重県総合博物館所蔵）

これから二〇年ほど過ぎると海女が画面の主役となり、歌川国芳《うたがわくによし》「山海名産尽　伊勢鰒《あわび》」は、水平線から昇る太陽と夫婦岩を背景に、鮑採りをする三人の海女を配置している。ここで「伊勢鰒（鮑）」と画題が付いているが、志摩と伊勢が混同されるのは珍しいことではない。当時の伊勢参宮は、外宮と内宮だけを参拝するのではなく、「志摩巡り」と称して内宮の別宮《べつぐう》伊雑宮や鳥羽遊覧など、志摩国内の名所をめぐることが多く、参宮文化のなかで志摩が意識されたことも影響したであろう。

一九世紀半ばに作られた（三代）歌川豊国《うたがわとよくに》「光氏磯辺遊の図」（図13）では、やはり夫婦岩をバックに、右側に男女四人の着飾った者たちと、左側に海中から鮑を採って浮上した海女、そして陸に上がり口にノミをくわえつつ裾《すそ》を絞る海女とが対比して描かれる。その間には蛸《たこ》がちょこんと岩上に居り、都の女が驚いているのだが、蛸については少し後に取り上げよう。

さて、浮世絵中の海女は、二見浦のほか、須磨《すま》、江ノ島、讃岐《さぬき》の志度《しど》、そして壇《だん》ノ浦《うら》でも登場する。何たることか、そのいずれもが海女漁の実態がない地という共通項があるのだ。実際の海女の描写ではなく、伝説や海女について記す文献などの情報に基づき虚構の世界を描いているためである。むしろ、浮世絵で海を描く場合に、海女を登場させているということになろうか。

浮世絵中の海女の虚構

浮世絵師は、明らかに生身の海女を見ずに描いている。『日本山海名産図会』の挿絵の構図をほとんどそのまま利用した浮世絵があるし、海女の装束《しょうぞく》や道具には、現実とは大きく異なる部分がある。

まず、浮世絵の海女の多くは赤い腰巻《こしまき》をまとっている。それも、時には鮮やかな文様《もんよう》が施されてもいる。実際の海女が腰に巻く布は白色で、これは船上から見出し易い色だからである。それを赤に変えたのは、画面の色彩と、やはり色っぽさを示すためであろう。陸に上がった海女が濡れた衣の赤い裾を引き揚げて絞る姿は、白い足とのコントラストを示し、人気の構図であったようだ。

海女の道具としては、鮑を岩から剝がすノミが最も重要であるが、これが大工道具の鑿《のみ》になっている浮世絵が見られる。これなどは、「ノミ」という道具名を聞いた浮世絵師の勘違いによるものであろう。いずれも浮世絵のフィクションであり、海女漁の実態を示してはいない。だが海女の浮世絵は、当時の人びとの海女についての認識や、海女との関わり方についての情報を提供してくれる。

須磨と江ノ島の海女

二見浦の場面と並び、貴人の姿と共に描かれる浮世絵の構図を見てみよう。須磨の地は、『源氏物語《げんじものがたり》』においては光源氏の離京の地であり、やはり都から追われた平安時代の貴公子在原行平《ありはらのゆきひら》が松風《まつかぜ》・村雨《むらさめ》姉妹と出会った故事でも知られ、内陸に住む都びとにとって、最も身近な遊覧する海辺であった。先に述べたように、松風・村雨姉妹は文学作品のなかで「あま」と表記されるが、潜水漁を営む海女ではなく、藻汐草《もしおぐさ》を刈る漁村の女性であった。須磨の地は白《はく》砂青松《しゃせいしょう》で知られる海岸であり、歴史的にも現在も海女漁は存在しない。だが、月岡芳年《つきおかよしとし》「中納言行平朝臣左遷須磨浦逢村雨松風二蜑戯図」（明治一九年）では、画題に「蜑」と表記されるだけでなく、行平の前に立つ二人の姉妹は当時の海女の代表的な描かれ方で、上半身裸体で鮮やかな文様を施した青と赤の腰巻きをまとっている。幕末期の（二代）歌川広重《うたがわひろしげ》・（三代）歌川豊国「画帖《がじょう》　地曳網《じびきあみ》」（源氏須磨之浦）では、鮑や蛸を水揚げした海女の姿が描かれる。文学作品に登場する女性や海辺の地が、潜水漁を営む海女に姿を変え、あるいは新たに登場している訳である。

須磨は源平合戦《げんぺいのかっせん》で若き笛《ふえ》の名手平敦盛《たいらのあつもり》が討たれた地でもあった。そこからの連想という訳でもないだろうが、壇ノ浦の海底に沈む平家の亡霊たちに、潜水した海女二人が対面する浮世絵も残されている（歌川芳虎「西海蜑女海底ニ入テ平家ノ一族見」）。

さて江戸時代後期には、大都市江戸の経済的な繁栄に基づいた新たな文化が盛んになってきた。江戸の住人たちにとって海といえば相模《さがみ》の江ノ島であり、庶民の身近な行楽地となる。江戸町人《ちょうにん》の需要に応える形で、江ノ島に画題を取った浮世絵も多数生み出されることになった。実は場所を特定できる海女の浮世絵としては、江ノ島の場面のものが一番多いようである。ほど近い伊豆半島では海女漁が盛んであったし、海藻を刈る女性がいたとの記録もあるものの、江ノ島での潜水漁は男海士であり、海女漁は存在しなかった。これもやはり、海を描く浮世絵に定番の、海女の登場であったのだろう。

幕末に一四代将軍徳川家茂《とくがわいえもち》は、公武合体構想のなかで和宮内親王《かずのみやないしんのう》との婚儀を図り、三代将軍家光《いえみつ》以来となる上洛を行ったのだが、その途次の江ノ島で海女漁を見物したという設定の浮世絵もある（二代歌川広重・二代歌川国貞「東海道名所之内　江之島」）。もちろん史実ではないのだが、権力者・貴人による海女見物というモチーフは注目される。海女漁が行われている地を遊覧し、たまたま海女を見かけたというのではなく、わざわざ海女を呼び寄せて漁をさせる行為が前提になっているからである。場所は不明だが、安政《あんせい》六（一八五九）年の柳亭種彦《りゅうていたねひこ》『偐紫《にせむらさき》田舎源氏《いなかげんじ》』に題材を採った作品では、主人公の光氏が乗る舟に、海中から浮上した海女が鮑を届ける様が描かれている。この画題は「田舎源氏色紙合　光氏君海辺にて鮑をとらせ遊らんの図」とあり、海女に鮑を採らせることで遊興としていることが示される。つまり、純粋な海女漁を見物する様子ではなく、貴人相手の「観光海女」の姿なのだ。

詳細は不明なものの、平安時代の『宇津保物語《うつほものがたり》』のなかに、公達《きんだち》が上巳《じょうし》の日に「海人」（漁師）と「潜《かず》き」（海女）を召し、大網を曳かせ、潜らせて楽しんだという記載があることを思い起こそう。現実にそのようなことが行われたのか否かは措くとしても、海岸で漁師と海女を呼び、網漁と潜水漁をさせて見物するというのは、かなり古い時代から意識された定番の遊びだったのではないだろうか。永享《えいきょう》四（一四三二）年九月に将軍足利義教《あしかがよしのり》が富士山を遊覧した際、随行した歌僧堯孝《ぎょうこう》の紀行文『覧富士記《らんふじき》』のなかにも、清見寺《せいけんじ》（現在の清水市にある景勝地）で舟に乗り、「海人の潜き」を見物したとの記述がある（漁民の網曳きは記されないが）。こうした「伝統」があったからこそ、安永年間に二見浦を訪れた長橋局も、伊勢神宮の神主からそのような「接待」を受け、そして浮世絵でも、しばしば着飾った貴人らと海女との組み合わせが題材となったのであろう。

銭拾いの海女

さて、元治《げんじ》元（一八六四）年に制作された江ノ島参詣《さんけい》の浮世絵のなかに、「画帖　天保銭《ぜに》拾い」（勇連江ノ嶋遊参）という作品がある。ここでは、海中に投げ込まれた銭を海女たちが拾い集める場面が描かれる。当然、参詣客が海女たちに向かって銭を投げているのである。後述するが、近代以降の都市社会では海女が曲芸《きょくげい》を演じ、観客に銭を投げる

図14　歌川国芳「玉取り（復刻版）」（鯨と海女の研究室所蔵）

ことを乞う見世物が生まれた。また、福井県の東尋坊《とうじんぼう》では、見物客が海中に投げ入れる銭を海女が拾うショーが、戦後まで行われていた。昭和前期には鳥羽の海岸で、海女が観光客に投銭を求める行為が問題視されるようにもなる。

いずれにしても、この浮世絵の存在は、見物する海女に対して銭を投げるという行為が江戸時代にまで遡ることを示している。そしてそれは、海女の本場たる志摩で行われていた可能性も高い。参宮客で賑わう伊勢の古市《ふるいち》を中心に、楽器を奏で謡い踊り、あるいは曲芸を見せる芸能民たちに対して、盛んに「蒔銭《まきぜに》」が行われた。賽銭《さいせん》と同様に、自らの「ケガレ」を除去する行為でもあったのだが、こうした慣習と何らかのつながりがあるのかもしれない。

竜・蛸と闘う海女

海女がしばしば描かれるもう一つの題材は、讃岐国志度を舞台とする、中世の玉取姫《たまとりひめ》伝説に基づくものである。恋人の藤原不比等《ふじわらのふひと》に頼まれ、海底の竜神から宝珠を奪い返す海女玉藻《たまも》の闘う姿は、歌川国芳が多くの作品を浮世絵に残した。片手に小刀を持って宝珠を脇に抱え、追い掛ける竜神らから逃れる様子を迫力溢れる筆致で描くが、竜神勢のなかでも目立つのは、蛸の姿である。海女が描かれる浮世絵において、かなりの頻度で登場する。蛸はその形状から古くは化け物として意識されており、想像上の竜と共に、海女は異界の生き物と闘う存在となっているのだ。陸上で生活を営む通常の人間には分からない海底や竜宮城のある世界を知り、海中の生き物にも通じる両義的な存在として、海女は意識された。

海女は、いわゆる「危な絵《あぶなえ》」、つまりポルノグラフィーのなかで描かれることもあった。その一つに、北斎漫画《ほくさいまんが》で有名な蛸と交わる構図もある。だがこれも、人類以外の生物と通じる海女というイメージ、その特異性を表現したものと言えよう。

4　近代の見物される海女——見世物小屋から博覧会へ——

海女の鯉摑み

江戸時代に参宮文化のなかで行われた「観光海女」は、特別な貴賓相手のもの以外はその実態は不明だが、多少の虚構を含むとは言え、海女漁の姿からかけ離れたものではなかった。だが近代以降、見世物としての海女は急速に暗転する。海女漁が行われる海から遠く離れた都市社会の見世物小屋で、曲芸と裸体を売り物に、町人らの好奇な視線に晒される海女が現れた。

早くには明治五（一八七二）年に京都の鴨川《かもがわ》において、海女が鯉《こい》を摑《つか》み取る興行の申請が行われた。川で鯉を捕らえるなどと、海女漁とは全く無縁の見世物であるが、この時は却下されている。

だが明治一四年正月には大阪千日前《せんにちまえ》で海女の鯉摑みの実演が始まり、以後正月恒例の興行となった。現在は吉本新喜劇の舞台、なんばグランド花月がある千日前は、江戸時代には墓地が広がる寂れた場所であったものの、明治以降には見世物小屋が並び立つ一大繁華街に生まれ変わっていた。そのなかでも海女の鯉摑みは評判を呼んだ人気興行であったようだ。海女の見世物は東京や名古屋《なごや》でも確認でき、岡山や仙台《せんだい》、岐阜、博多《はかた》、長崎など、全国的な広がりを見せていった。

卑俗な海女見世物

明治一七（一八八四）年二月に東京下谷区《したやく》佐竹の原で行われた海女の見世物の様子を、少し詳しくみてみよう。「伊勢の海士の水芸」を掲げて木戸銭は一銭の興行であった。舞台前には一間半（約二・七m）四方の池が穿《うが》たれ、水が湛《たた》えられている。そこへ囃子《はやし》に連れて二〇代前半の女性二人が、対《つい》の衣装を着し花笠《はながさ》をかぶって登場し、拍子《ひょうし》に従って泣くがごとき、訴えるごとき声を発して「伊勢音頭《いせおんど》」を唄う。その後いったん楽屋に戻り、再び登場した後に衣装を脱いで池に飛び込み、浮いては沈む「異形《いぎょう》の業」を五〇分ほどにわたって見せる。二月の寒中であるため、肌は赤くなり唇は紫黒色となった。「伊勢の海士」というのは、よくある伊勢と志摩との混同であろうが、念が入ったことに「伊勢音頭」を唄わせているのである。

明治三四年二月に京都の六角堂《ろっかくどう》近くで行われた見世物は、もっと惨めなものであった。志摩の鳥羽浦からやってきた二〇歳前後の海女四人が、まずは浴衣《ゆかた》姿で登場する。漆喰《しっくい》で作った約三m四方の水槽を前に、海女の水泳だけでは芸がないという弁士《べんし》の口上《こうじょう》の後、海女たちは赤いフンドシひとつとなり水中に飛び込む。それからすり鉢を頭に乗せ、二人一組で肩車《かたぐるま》をし、小さな傘《かさ》をかざして海女歌を唄う。見物人に対して銭を投げることを求め、水中に潜って銭を拾うという水中での業を披露した。この興行を報道した新聞記事では、「寒中婦人の水泳、その残酷なる状《じょう》と裸体婦人の見放題」が人気の要因だとしている。

鯉擱みにしても肩車ですり鉢を乗せ、また水中で銭を拾うことにしても、特殊な身体能力を示している面はあるだろう。しかし、基本的には卑俗でグロテスクな、そしてエロチックなショーとして演じられていることは間違いない。明治四三年一一月一六日付の『伊勢新聞』は、東京の浅草《あさくさ》、大阪の千日前、京都の新京極《しんきょうごく》などの繁華街で海女の見世物をやっているのは、すべて志摩の海女であると指摘している。彼女たちは、一時的にせよ漁業者たることを捨てて都会に出稼ぎに赴き、海女漁とは無関係な姿態を見せ、都びとの好奇心に媚《こ》びることで収入を得ていたのである。

博覧会・海女館の登場

大正末期以降、地域特有の技術や伝統的な名産品を展示公開する博覧会が、日本列島各地で盛んに開催されるようになる。そのなかで「海女館」という施設が登場し、人気を集めた。ここで実演する海女は、人工的に造られた水槽のなかで潜るという形態は見世物小屋の系譜を引くものの、卑俗な演舞や曲芸は姿を消し、水中を自由に泳ぎ、主として水底から真珠貝を採って来るという姿を見せるものである。工芸品としての真珠の宣伝や販売も合わせて行われた。これにも志摩海女が出稼ぎで活躍する。御木本幸吉《みきもとこうきち》が直接に関わった形跡は見られないが、御木本以外の真珠養殖業者が関与していたようだ。

博覧会に海女が初めて登場するのは、管見の限り大正五（一九一六）年に東京上野公園《うえのこうえん》で開催された「海事水産博覧会」であり、「海底館」という施設で海女が鮑を採る実演を見せた。ただしこれは海女だけを紹介した訳ではなく、

図15　海女館絵葉書（「国防と教育博覧会」，新潟県，1934年）

あくまで水族館的な施設での一実演ショーであった。続いて大正九年には京都の岡崎《おかざき》公園における「全国勧業博覧会《かんぎょうはくらんかい》」において、貯水池に鳥羽の海女が潜り、鯉や鮒を捕獲する様子を見せた。これは明らかに明治期に人気を呼んだ見世物小屋の系譜を引いている。その二年後、第一次大戦の終結を記念して東京不忍池《しのばずのいけ》の横で開催された「平和記念東京博覧会」でも、途中から水族館に海女が登場した。これは博覧会の入場者が当初の見込みに比し少ないため、「人気振興策」として鳥羽から本場の海女六名を呼び寄せ、直径六間（一一m弱）、深さ一丈《じょう》（三m）の硝子《ガラス》張りの水槽で真珠採りの実演をさせたのだという。

「平和記念東京博覧会」の水族館は竜宮館とも唱えられたようで、海女と竜宮城との連想が見られる。そして昭和五（一九三〇）年に上野公園で開催された「日本海海戦《にほんかいかいせん》二五周年記念　海と空の博覧会」で、竜宮城を模した「海女館」が登場する。これはそれまでのような水族館のなかの一部ではなく、海女の潜水する姿自体を紹介するために造られた施設で、内部には大きな水槽が設《しつら》えられ、そのなかで海女が真珠を採る実演を披露した。この海女館は以後、各地の博覧会での定番となり、それから三〇年足らずの間で「海女館」「海女実演館」の名称を取る施設は三二の博覧会で確認でき、類似施設を含めれば四一例にのぼる。そしてそれらのうち少なくとも一七例で、パンフレットや絵葉書などから竜宮城風の建物を伴っていたことが確認できる。

志摩海女の実演

博覧会に志摩海女がどのように登用されたのかを、実演の様子を含めて、昭和六（一九三一）年七月一一日から八月二〇日の間に小樽《おたる》で開催された「小樽海港博覧会」の報告書『小樽海港博覧会誌』から見てみよう。この博覧会での水槽は幅三六尺《しやく》（約一一m）、奥行き九尺（三m弱）、水深八尺五寸（約二・五m）の規模で、硝子張りで造られた。主催した協賛会では海女の雇用について北海道庁に相談し、三重県庁を紹介して貰う。県庁の斡旋で志摩水産学校長の飯間本一に連絡が取られ、そこから志摩郡和具《わぐ》漁業組合に人選を依頼し、数度の交渉の結果、山本あさ（二一歳）、太田とくの（二一歳）、濱口ふみ（二一歳）、堀口まさの（二〇歳）、太田きその（一九歳）、岩城きく（一八歳）の六名を雇い入れることとなった。いずれも二〇歳前後の若い海女であるのは、集客を目指す主催者側の意向もあっただろうが、鮑の漁期でもあり、地元としてもベテランは避けて比較的経験の浅い者が選ばれたのかもしれない。

雇用条件は、出発から志摩に戻るまで一人日給二円という好待遇である。三等汽車、車、馬を用いる往復の旅費はもちろん、滞在中の宿舎、食事も協賛会で用意している。

実演中の服装は白の木綿製のシャツと腰巻きで、「桃色モスリン製海水浴着型」に頭にかぶる手拭い、磯眼鏡《いそめがね》など、すべて三重県下で海女が通常使用する形式に依った、としている。実演は午前九時半から午後八時半までの間、三〇分おきに毎回五分間、二人ずつが行う。各種の潜水動作と、栄螺などの貝を採捕する実景を見せたとする。

小樽の場合は栄螺だが、竜宮城風の「海女館」では真珠貝を採る海女の実演が一般的になっていく。昭和一〇年に横浜《よこはま》で開催された「復興記念横浜大博覧会」では、海女が真珠貝採取を行う館内で真珠貝の参考資料が展示され、真珠の即売も行われて好評であったという。おそらく真珠産業に関わる人間による興行であっただろう。同じ年に伊賀《いが》で開かれた「伊賀文化産業城落成記念全国産業博覧会」では、志摩の海で鍛えられた海女が水槽で横転・逆転・宙返りなどの「水中妙技」を演じてやんやの喝采《かっさい》を浴びたが、彼女たちは水底の真珠貝を採るだけではなく、貝から真珠を剝き出す作業も観客らに見せた。この二年後に四日市《よっかいち》で行われた「国産振興　四日市大博覧会」では、志摩から招いた海女が真珠貝採取実演の傍らで真珠貝を一個一円で販売し、人気を博した。一個四、五十銭程度の真珠もあるが、数百円もする優品が出ることもあったといい、一種の福引きのようなものだっただろう。

なお、伊賀の博覧会での海女の装束は純白の水着に赤い腰巻きとなっているが、これは浮世絵に描かれる海女のイメージに影響を受けたものであろう。また四日市での海女実演では、水面に浮上した際に海女が吹く口笛が哀調を帯びたことが特記されている。海女漁において息継ぎの際に出る「磯笛《いそぶえ》」であるが、海女館の実演では一種の演技である。海女館における海女は、世間で知られるイメージに応えつつ、真珠の宣伝に努めていたのである。

博覧会の志摩海女人気

当時においても海女は決して鳥羽・志摩の専売特許ではなく、日本列島の海岸線の各地に点在していた。だが、海女館の実演海女と鳥羽・志摩との結び付きは強い。石川県能登半島沖の舳倉島《へぐら》の海女は、歴史も古く、技術も高いことで知られるが、昭和二五（一九五〇）年に金沢市で開かれた「婦人子供大博覧会」のパンフレットでは、海女館の宣伝文として「海女といえばすぐにへぐら島の海女を連想しますが、なんといつても日本の代表的なものは三重県志摩半島の真珠貝採集の海女です」と断じ、志摩から金沢《かなざわ》へ海女を招いて水中での妙技を披露させるとしている。真珠は海産物であると同時に産業工芸品でもあり、博覧会に展示するにふさわしいものであった。そして志摩海女は『万《まん》葉集《ようしゅう》』に詠まれたように古代から真珠貝を採っており、海底の竜宮城から宝珠を取り返す海女玉藻の伝承は、浮世絵や能を通して広く知られていた。人数の多さや技術の高さに加えて、この真珠との結び付きこそが、博覧会における志摩海女を特別な位置に置いているのであろう。そして志摩海女＝真珠採りというイメージが、より一層定着していったのである。

博覧会は、新たな産業品や最先端の技術を展示するものであり、多くのパビリオンのなかで海女館は、決して王道の施設ではなかった。そのため海女館は、主催団体の直営ではなく、個人興行主による一種の娯楽施設として扱われていた。だが、博覧会の様子を伝える絵葉書では海女館がよく取り上げられており、また終了後の報告書などでも海女館の人気の高さが語られる。先に触れた「小樽海港博覧会」においては、昼夜を問わず海女の実演が行われた水槽に観衆が熱狂的に集まり、立錐《りっすい》の余地がない活況を呈したという。昭和一〇年に熊本で開かれた「振興熊本大博覧会」の海女館は、会期中に九万七三三〇人の観客を集め、これは同博覧会の有料館で最多であった。同じ年に開催された「横浜大博覧会」の「会誌」には、海女館の説明として冒頭に「どこの博覧会でも、いつでも好成績を挙げて居るのが海女館であるが」と書かれている。先に、大正一一（一九二二）年に東京不忍池横で開かれた「平和記念東京博覧会」において、人気挽回策として志摩海女を呼び寄せたことをみたが、海女館は博覧会を成功させるために重要な、人気興行の場だったのである。

サンフランシスコ万国博覧会と海女派遣問題

さて、この時期には海外の各地で万国博覧会《ばんこくはくらんかい》が開催され、日本からも盛んに特産品が出展された。真珠は輸出品として重視されたし、御木本幸吉は海外の博覧会への出品に熱心であったことが知られる。そして、真珠とセットで志摩海女が外国に渡り、海女ショーを演じることもあった。

昭和一四（一九三九）年にサンフランシスコで開催された万国博覧会において、三重県度会郡南海村の北村真珠養殖場が真珠の販売店を出すことになった。博覧会事務局は、それに併せて海女作業の実演を企画し、三重県側に海女の斡旋を依頼してきた。一月末には志摩郡浜島町の海女組合長であった濱口佐兵衛の人選で、鳥羽市国崎村の太田しず（二〇歳）、世古サト（一八歳）ら海女三名と付き添い人二名が決まる。だが二月に神戸を出帆し渡米する予定で渡航免状《めんじょう》の下付を三重県に申請したところで、状況が一変する。日本人女性の「裸体姿」をアメリカ人の好奇の眼に晒すことについて、日本政府内部で反対の声が挙がったのである。日本とアメリカとの関係は、昭和一二年の日中戦争開始後急速に悪化し、翌年は通商航海条約の破棄が通告されるなど、緊張が高まっていた時期であった。

地元新聞『伊勢新聞』も、当初は「海女作業を実演して碧眼《へきがん》をアット驚かせようとの企て」と好意的な論調であったが、四月一六日には「海女は見世物ぢやない」「日本婦女子の裸体を碧眼の玩弄《がんろう》に供することは国辱であると物議をかもし」という書き方に変わっていく。

結局海女の実演は、政府から中止が命じられた。だが、真珠加工技術員という名目で渡米した別の女性二名が現地で海女の実演を行ったことが発覚し、帰国後に旅券規則法違反として首謀者の神戸の真珠商人らが処分されている。博覧会における海女の実演は海外でも人気だったことがうかがえるが、その企画者として真珠商人がいたことも確認できる。

ただし、御木本幸吉は、博覧会の水槽で海女を見せることには消極的だったようだ。昭和八年八月に三重県松阪市で開かれた「市制実施記念三重県産業共進会《きょうしんかい》」で、水族館の海女作業実演が計画されたが、実施当局の要請に対して御木本は、真珠養殖場の海女の派遣を断っている。この時に志摩水産会長で、後に県議会議長、代議士として志摩の水産振興に大きな役割を果たした石原円吉《いしはらえんきち》も、協力してはいない。石原円吉は過去に北海道の博覧会で海女の出演依頼があった時も断固拒絶し、またサンフランシスコ万国博覧会への海女派遣については「生業としての海女作業は別としてそれを興行にすることは以《もっ》てのほか」とのコメントを発表している。石原円吉は県下の漁業組合に対して、「国宝的存在である神聖なる海女作業を、心なき事業家の宣伝用具に使用されることにないやう」とも通達した。御木本幸吉、石原円吉という、当時の三重県水産界の最重要人物で、海女たちとも日常的に接していた二人のこの反応は、博覧会の海女について地元でも一定の抵抗感があったことを示している。真珠販売戦略に長けた御木本はもちろん、石原円吉にしても海女の観光宣伝面での役割を十分認識していたのだが、それは卑俗な形であってはならないと考えたのであろう。

水族館の海女

博覧会での海女実演は、開催される一、二か月間の臨時興行であるが、水族館等で常設のものも始まっていた。三重県内では昭和五（一九三〇）年に建設された二見浦水族館、同一二年に開かれた鳥羽町水族館（いずれも後に廃業）で、海女実演が集客の目玉となっている。戦後、鳥羽のイルカ島や大きな旅館などでも海女ショーが行われていたようだ。県外でも、和歌山県白浜《しらはま》では近年まで続いていたし、下関《しものせき》などでも行われていた記録がある。

昭和二五年に兵庫県の日本海側、城崎日和山《ひよりやま》海岸に「竜宮城」という遊覧施設が造られた。もともとこの地に海女漁は存在しないのだが、竜宮城には不可欠な存在として志摩から海女が招かれ、観光客向けの見世物ショーが行われることとなる。彼女たちは「竜宮城」で「海女音頭」を唄い、踊り、そしてもちろん海中にも潜る。だがそこで魚貝を採るのではなく、観光客が投げ入れた盃《さかずき》を拾ってくるのである。この海女ショーは昭和六二年まで行われていたという。

5　「海女と真珠」の志摩

御木本真珠養殖場と海女

都会の見世物小屋での興行と並行して、志摩地方でも新たな形で見物される海女が登場した。真珠の養殖・販売事業を展開した御木本幸吉は、当初は真珠の母貝となるアコヤガイの採取や、核入れをした後にまた海に戻す「地蒔《じま》き」など、海中に潜る作業に志摩漁村の海女たちを雇用した。養殖場が赤潮《あかしお》に襲われた時にも、彼女たちはアコヤガイを海底から救い上げる作業に従事した。

だが大正期以降には筏《いかだ》を用いた垂下式《すいかしき》の真珠養殖法が導入されることで、養殖場における潜水作業の必要性は低下する。しかし御木本は海女を雇い続けた。真珠を育てる仕事に代わり、宣伝分野で新たな役割を与えたのである。真珠養殖場には内外の要人が訪れたが、その際に御木本は好んで海女の作業を見物させた。早い事例では明治三二（一八九九）年四月に農林大臣の曽禰荒助《そねあらすけ》が巡察に訪れた時に、海女の真珠貝採取作業を見せたところ、大臣は須磨で松風・村雨姉妹を寵愛した光源氏の気分になり大層ご満悦で、海女と一緒に写真を撮り土産にした、という。

皇后の二見浦海女見物

大臣の接待成功に味を占めたのか、明治四四（一九一一）年五月に明治天皇の皇后を迎えた時には、極めて用意周到に、そして虚構を含む大規模な海女の実演が繰り広げられた。皇后は伊勢参宮の後、五月二一日に二見浦へ遊覧に訪れる。御木本はその数日前から、出迎え準備のために皇室御用達《ごようたし》旅館の賓日館《ひんじっかん》に隣接する二見館に詰め切り、海岸には潜水前後に海女たちが体を温める六角形の小屋二棟を設えた。そして皇后を迎えると、特別に選抜された十七、八歳から二十七、八歳までの若い海女四十余名を五艘の真珠採船に分乗させ、沖へ漕ぎ出させた。

二見浦における皇室関係者の海女見物は、先に見た明和九（一七七二）年の長橋局の事例を想起させる。その際には、おそらく志摩漁村から鮑持参で海女を呼んで作業をさせたのであるが、今度は御木本が仕掛けたものであるから、獲物は当然真珠貝（アコヤガイ）である。だが、二見浦には鮑も栄螺も、そして真珠貝も棲息しない。『伊勢新聞』が報じるように、御木本は数日前から一五万個余の真珠貝から美麗な真珠を孕んでいると思われる貝を入念に選び、あらかじめ夫婦岩東方の海底に投じておいたのである。

海女たちは代わる代わるに潜って真珠貝を採り、海岸の休憩所で待つ皇后の前で真珠養殖場の支配人らが貝殻を開き御覧に供したところ、多くの貝から金色銀色さまざまな光沢を放つ真珠が出てきて、皇后に献じると大変ご満足の様子であり、御木本は感涙に咽《むせ》んだ。

なお、この時の海女の着服は、普段の白木綿の半袖襦袢《じゅばん》と木綿の腰巻《こしまき》に加えて、皇后に失礼のないように白の猿股《さるまた》を着けた、としている。御木本養殖場で実演する海女は、半裸体ではなく見物客を意識した白磯着姿であった。戦後のウエットスーツ導入まで、海女漁の装束は地域差・個人差を伴いつつ変化するが、ウエットスーツとは異なり白磯着は、漁を行う便宜や機能のためではなく、見物人を意識して普及したものではないか。なお、皇后を迎えた二か月後に予定された鳥羽線開通の祝賀式典でも、御木本は余興として海女作業の披露を計画している。その服装は、二見浦における皇后の前での実演と同様とした。

鳥羽遊覧と海女見物

博覧会や水族館などの人工的な施設でも人気を集めたのであるから、実際に海女漁が行われる場所が、遊覧客の興味を惹かないはずがない。実態は不明ながら、江戸時代には参宮文化の影響下、志摩巡りの途次に海女を雇って潜らせる遊びが存在したことは先にみた。志摩の海での海女見物は、明治以降にはどのように展開したのであろうか。

明治四四（一九一一）年五月に海女を用いて皇后の接待に成功した御木本は、翌六月には鳥羽の停車場付近の海面を借り受けて「蜑女作業場」を新設することを計画した。ただしここは真珠貝を採る海ではなく、実際に鮑を採る漁を見せる場として考えたらしい。この計画を報じた『伊勢新聞』は、鳥羽を訪れる遊覧客の目的は、鳥羽市街の後背にあり海を眺望できる日和山《ひよりやま》と海女の鮑漁の見物にある、と解説を加えている。御木本の計画は、鳥羽線開通により来客が増加することを見越して、観光の目玉としての海女漁見物を安定的に提供しようとしたものであったろう。実際の海面であり他の漁に影響が生じる可能性があるため、漁業組合に補償金を支払う交渉も行っている。その後の経緯は不明だが、これが現在もミキモト真珠島で日々行われている海女の実演ショーにつながっているのではなかろうか。

大正一二（一九二三）年五月に、後の昭和天皇后となる良子《ながこ》女王が鳥羽を訪れるが、その様子を報じた『伊勢新聞』によれば、鳥羽の樋《ひ》の山《やま》に登り、そこから三里（約一二㎞）を隔てる答志《とうし》島《じま》で漁をする海女を見物し、「御感興あらせられ、柴田本県知事を顧みて御下問あり」とある。この状況で、たまたま答志島の海女が漁をしていたとは考えにくく、あらかじめ仕組まれていたものであろう。場所こそ異なるものの、江戸時代の長橋局、明治四四年の明治皇后と共に、皇室世界の女性がいずれも仕組まれた海女見物を楽しんでいることに注意しておきたい。

江戸時代に引き続き、鳥羽・志摩観光において、海女が見物される対象となっていたことは間違いない。ただ、観光客は海女と具体的にどのように接していたのであろうか。

鉄道省が昭和二（一九二七）年に作成した「大阪から一二泊　名勝案内図」というパンフレットがある。近畿一円から福井、愛知県三河《みかわ》地方に至る各地の観光名所のひとつとして鳥羽が紹介されるが、そこでは「鳥羽は鮑どこである。若布《わかめ》がとれる。従つて海女の本場である。又日本一の真珠貝の産地も程近い処にある」とし、鳥羽の沖合い、菅《すが》島《しま》の海女を紹介した後「答志島へ渡ると海女は喜んで其の舟にのせて作業を見せてくれる」としている。この文章の限りでは、特に金銭報酬が絡むものではなく、海女たちの観光客に対する友好的な姿を伝えるもののようにみえる。

雇われる海女

だが、海女を金銭で雇い、漁の様子を見物することも行われていた。昭和四（一九二九）年に大阪鉄道局が発行した「参宮案内」というパンフレットには、伊勢参宮後の遊覧地を紹介し、二見浦に続いて鳥羽について、次のように記している。

鳥羽

二見浦遊覧を終つた人は是非一歩を鳥羽に延ばすべきである。鳥羽の風光を探ぐるには船によつて島廻りをし蜑女の生活を見るに如《し》くはない。（中略）又蜑女の作業は菅島、答志島の海岸で数十人で競争的に漁をしてゐるのを見るに如くはないが、之は一寸望めぬから遊船事務所専属のものを頼むがよい。料金二人一組で一回四円位。

一人傭へば二円五十銭位。遊覧船について沖の方へ出掛けると一人四円位、獲物は客にくれる。

鳥羽の風光を楽しむには何より海女の生活に接することであるが、実際の漁を見ることは難しい。これは現代でも同様である。ただ、当時は遊船事務所で専属の海女を抱えていた。二人一組の海女を一回四円くらいで雇うことができ、漁を見学できる上に獲物は貰えるという。観光客に「見せる」ことで報酬を得る点では純粋な漁業とは言い難いが、人工的な水槽や池ではなく、またあらかじめ用意された真珠貝や盃、金銭でもなく、海底から魚貝を取る実際の海女漁を見せるという点で、観光海女のなかでは最も健全な形で展開したものと言えるのではないだろうか。

観光海女の変質

海女に対する関心が高まるにつれ、「見られる」海女は次第に観光客向けに作られ、媚《こ》びを強め、変質していくのも必然であった。昭和六（一九三一）年には、もともと海女がいなかった立神村で海女の養成が試みられているが、賢島《かしこじま》の鳩丸船船長の指導の下で行われているとあることから、漁業者としてではなく遊覧客向けの海女だと考えられよう。だが、これはまださほど問題ではない。昭和一四年六月二五日付『伊勢新聞』は、「海女の投銭を禁止」と題して、近年起こってきた海女見物の弊害について報じている。鳥羽観光の目玉は島巡りと海女見物であり、「ポンポン船」に海女を乗せて適当な場所で行われる海女作業の実演は観光客の憧れでもあったが、何時の頃からか海中で漁をする海女に金銭を投げ、拾わせて面白がる観光客が現れるようになった。この風潮が広がり、遊覧船からの雇い賃以外にこの投げ銭が海女の重要な収入源となっていくと、海女たちが投げ銭を当然視し、むしろこれを要求するようになる。「海女とは海中に投げられた金銭を潜つて拾ふ職業」などという誤った認識さえ生じていた。鳥羽警察署長はこれを観光鳥羽の恥辱、物貰いも同然とし、投げ銭を禁じる制札《せいさつ》を立てるとコメントしている。見世物小屋や各地の海岸で海女に対して銭を投げる慣行が、鳥羽・志摩における実際の海女漁見物にも広まってしまったのであった。見世物小屋的な傾向に陥り、観光客に媚びる風潮が強まると、金銭を乞うだけでなく、性的なサービスという要素も増していってしまう。古くからの風待ち港で志摩の代表的な歓楽街となっていた渡鹿野《わたかの》や浜島《はまじま》では、漁業に従事しない海女による観光客の誘致が行われるようになった。昭和七年一一月二二日の『伊勢新聞』は、これまで渡鹿野の貸座敷《かしざしき》業者と口宿屋組合が、志摩電鉄・参急《さんきゅう》（電鉄）と連携し遊覧客の誘引に努めてきたが、このたび舞踏場を設置して娼妓《しょうぎ》を躍らせ、同時に地先の海中に鮑を放養し、海女作業を行うという形で「海陸呼応」した旅客誘引策を講じた、と報じている。陸の娼妓と海の海女がワンセットとなって、観光客の宣伝に使われているのである。その二年後には、渡鹿野海岸に三〇間（五〇ｍ強）四方の硝子張りの浴場が新設され、その「サービスガール」に海女がもんぺ姿で従事したという。同じ頃に浜島町でも、都からの来客の「猟奇的好奇心」を充たすことを目的に「海女踊り」を創作してデビューさせた。観光客向けに作られた海女の踊りは、東尋坊や城崎日和山の竜宮城、そして見世物小屋でも演じられていたものである。この時期には志摩地方について「猟奇的」という枕詞《まくらことば》がよく用いられるが、そのなかで海女は異国情緒や蠱惑《こわく》あふれる存在として扱われていたのである。

海を眺望する施設

明治末期から大正・昭和前期にかけて、博覧会や水族館、海岸で海女が人気を集めたのは、この時期に海と人びととの関係が、前代とは大きく変わったことが背景にあったのではないだろうか。子供の頃から海と親しみ、大船、軍《ぐん》艦《かん》で世界に雄飛することを唄った文部省唱歌「われは海の子」が発表されたのは明治四三（一九一〇）年のことであった。海軍増強の方針の下、社会全体が海への関心を高めていた。

鳥瞰図「合同電車沿線御案内」(1931 年)

人びとの娯楽の場として海が変容していった過程を、伊勢志摩を中心に見てみたい。まず、海を眺望する施設が発達していった。この時期に相次いで設置された朝熊岳《あさまがたけ》ケーブルカー、二見浦ロープウェー、鳥羽日和山エレベーターの三つである。

伊勢神宮の東南東、志摩国との境に位置する朝熊岳は、江戸時代には山上に鎮座する金剛証寺《こんごうしょうじ》が参宮客の信仰を集め、寺院であるにも拘わらず神宮御師の案内経路にも含まれ、「朝熊かけねば片参り」と称されるほどの賑わいを見せた。だが、明治維新後には参詣客も減少し、寂れてしまう。その状況を打破するために大正一四（一九二五）年に開設されたのが朝熊岳ケーブルカーであり、これは生駒山《いこまやま》に次ぐ日本で二番目の敷設で、東洋一の規模と宣伝された。江戸時代の『伊勢参宮名所図会』中の挿絵には、朝熊岳金剛証寺近くに富士見台があり、旅人が望遠鏡で覗《のぞ》く場面が描かれるが、この時期には日本アルプスから富士山までの山脈を遠景としつつ、伊勢湾から志摩海の島々にかけての眺望の素晴らしさが売り物となった（図16）。

昭和七（一九三二）年には、二見浦の街中から後背にそびえる音無山《おとなしやま》山頂に至るロープウェーが開設された。これもロープ

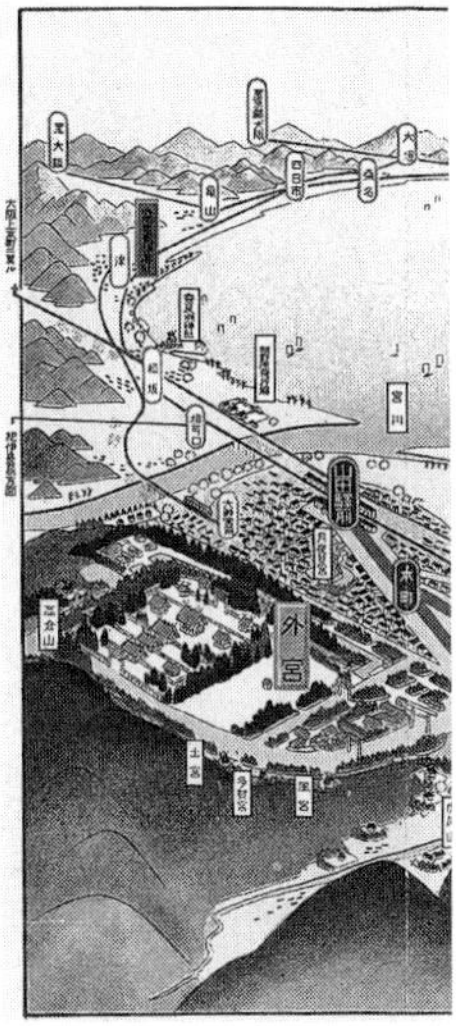

図16　吉田初三郎

ウェーに乗っている時と山頂から、二見浦と志摩の海を眺めるためのものであった。その翌年に志摩電気鉄道の主導で架設された鳥羽日和山エレベーターは、海女とのつながりも明確に表れる。鳥羽駅のすぐ裏側から日和山山頂まで約五〇mを結ぶことで、景勝地として人気を集めつつあった日和山へ身軽に赴けるようになったのだが、この施設の案内パンフレットには、「日和山小唄《こうた》」という歌詞が載っている。

一、ハア　日和山から鳥羽の海見れば　ヨーイヨーイヨーイトナ
　沖にチラホラ鷗《かもめ》か海女か　立つは鷗よ潜ぐるは海女よ
　海女が潜ぐれば桶《おけ》が浮く
　サテ上り下りはエレベーター　オヤ便利だね

エレベーターの売り物は海を見晴らすことであり、そして日和山からの海の眺めの目玉は、やはり海女だったのである。この時期の海女の絵葉書に日和山エレベーターのスタンプが捺《お》されているものもある。先に明治末年に『伊勢新聞』が、鳥羽を訪れる観光客の目的は「日和山の眺望と菅島の鮑取作業」にあるとしていることを紹介したが、まさにこうした観光客の期待に応える施設であった。海が、そして鳥羽・志摩においてはとりわけそこで潜水漁を営む海女が、眺められる存在として注目を集めるようになったのである。なお、朝熊岳ケーブルカーと二見浦ロープウェーは戦時下に休止・廃止されるが、日和山エレベーターは昭和四九年に鳥羽駅の火事で類焼するまで営業が続けられた。

海水浴と海女

今でこそ海水浴は夏のレジャーのひとつとして定着しているが、その歴史は決して古くはない。江戸時代までは、海で泳ぐという行為は武芸者ら一部の特殊な人びとに限られていた。船が難破した時の記録などを見ると、海で働く漁民たちですら、必ずしも泳ぎに練達していた訳ではないように思われる。

海水浴は明治維新以降になって、それも当初は海水を体に浴びることが健康に好影響を与えるという西洋医学の観点から始まった。そしてそれは、伊勢湾岸周辺を中心に展開している。明治一五（一八八二）年に軍医の松本良順《まつもとりょうじゅん》の推奨で開設された二見浦海水浴場は、日本最初の公認海水浴場となり、海岸には海水浴客向けの旅館が建てられていく。津の阿《あ》漕浦《こぎうら》、鈴鹿《すずか》の鼓《つつみ》が浦《うら》、四日市の霞《かすみ》が浦《うら》など、伊勢湾岸に次々に海水浴場が広がり、静養を目的とする文化人たちや、また臨海学校の適地として京阪地方の生徒たちが、夏期に集まるようになった。医学上の見地から始まったものだが、次第に娯楽の面が強まっていく。海岸には遊戯《ゆうぎ》具が並び、入浴場や食堂なども併設され、花火大会や演芸出し物などのイベントも連日催される。鼓が浦は山口誓子《やまぐちせいし》、佐佐木信綱《ささきのぶつな》ら文化人が集まる地として有名になったが、津の阿漕浦でも「文化村」と呼ばれる空間が設けられ、テント村も発達した。阿漕浦と霞が浦には、競馬場までもが隣接していた。この時期に新聞でたびたび報道されているように、当時の伊勢湾の海岸は、近畿東海各地からの観光客が集まる一大娯楽場として賑わっていたのである。

もちろん、伊勢湾に限らず海水浴場は全国的に展開する。これにより、夏の娯楽のあり方が変わっただけでなく、人びとにとって海で泳ぐことが身近になった。前近代までは、海でなりわいを営む限られた者を除き、海は景色の一部か船で渡る場に過ぎず、精々が船上での遊覧の場でしかなかった。自らの体を海に浸して泳ぐようになるというのは、人と海との関係の上で大きな転換であった。それにより海女という存在も、以前のような全くの異世界の異能の民ではなくなる。そして、それゆえにこそ、身近になった「泳ぐ」ことについて、海中で自由に身を操ることのできる海女の特殊な技能に対し、新たな関心と評価が生まれたのではなかろうか。

大野海水浴場での海女実演

この時期の伊勢湾岸ではまだ見出せていないが、湾を挟んだ対岸の知多《ちた》半島の海水浴場では、海女の活躍が確認できる。中部国際空港のある常滑《とこなめ》の少し北の大野《おおの》は、古くから「潮湯治《しおとうじ》」の地として知られ、二見浦に続いて明治一五年に公認海水浴場となった。ここで戦後すぐから高度経済成長期頃まで、毎年夏になると鳥羽から海女が船頭《せんどう》や機関士、ガイドと共に船に乗ってやって来て滞在し、海女漁の実演を行っていた。ただし大野海岸は遠浅の砂浜で、海女漁を行える海ではない。あらかじめ鮑や栄螺を海底に沈めておき、船に客を乗せてその場所まで着いた時に海女が潜り採って来るという、伝統的なお決まりのショーなのである。

大野の郷土史グループ「尾張大野史研究会」が当時の写真を収集しており、また幸運にも同会の高橋仁氏が高校生の頃に海岸でこの海女実演のアルバイトをしていたという経験を持ち、詳しいお話を伺うことができた。船にはスピーカーなど案内用の設備があり、興行に慣れた様子だったと言う。大野海岸のみで行われた特別なショーだったとは考えにくく、鳥羽・志摩から近隣各地の海水浴場に出向いて行われていたものはなかろうか。料金は一〇〇円から三〇〇円くらいで、家族連れの観客に人気であったという。

注目すべきことは、戦後期のショーであるが、海女さんらは海中に潜る際に上半身裸という姿であり、その様子を撮影した写真も残っている。だが、子連れの家族向けに「女性の裸」を売り物にしたはずもなく、高橋氏もエロチックな雰囲気では決してなかった、と証言された。海で泳ぐことを主な目的で海岸に集まった遊覧客は、海中深く潜水し、自由に体を動かす海女の姿に、自分たちには遠く及ばない技能を見、一種畏敬の念を持って見学したのではなかろうか。

観光海女が人を惹き付けるもの

ここで改めて、海女がなぜ見世物となりうるのか、彼女たちの何が魅力となり観光の対象となったのかを考えてみたい。

博覧会の海女館が多くの観衆を集めたのはなぜであろうか。博覧会のパンフレットやポスター、報告書など関連資料を博捜した寺下勍氏の膨大なコレクションは、博物館ディスプレイ事業のトップ企業乃村工藝社に寄贈され、追加収集資料を含めて同社の情報資料室で公開している。一日中そこにいても飽きない充実したコレクションであり、観光海女について調べた際には、大いにその恩恵にあずかった。寺下氏は、建築史家で都市文化に詳しい橋爪紳也氏と共に編集し、このコレクションの粋《すい》を紹介した『別冊太陽　日本の博覧会』のなかで、海女館についても言及している。だがそれは「エロチックな様子が人気を呼んだ」「裸の舞姫がエロチックに踊る水中レビュー館」などとし、女性の裸体を売り物としたショーであると理解されているようだ。これは近年の社会学や文学などの分野からの研究においても同様で、表立って女性の裸体を見ることの後ろめたさを解消するための言い訳、「見てもいいエロ」の需要に応えるもの、という評価が下されている。

だが、本当にそうであろうか。もちろん、何に「エロ」を感じるかは個々それぞれであるし、海女にそのような視線を注ぐ人がいた可能性を否定しない。だが、博覧会の海女館を始めとする観光海女は、ストリップショーの代替物に過ぎなかったのか。博覧会の海女は、「白の磯着が濡れて体が透ける様子が来客の目当てであった」などと指摘さ

図17　海女館前の雑踏を示す絵葉書（「国防と教育博覧会」，新潟県，1934年）

れる。しかし高度経済成長期以前の日本社会では、母親が人前で乳児に乳房を含ませる風景はさほど珍しいものではなく、女性の上半身裸という姿は特段に「エロチック」な受け止め方はされなかった。そのような時代に、「エロ」を目的とする人がわざわざ金銭を支払って、磯着姿の海女を見に行ったであろうか。

昭和九（一九三四）年に新潟で開催された「国防と教育博覧会」を紹介する絵葉書のひとつに、海女館前に来客が行列をなす様子の写真がある（図17）。これをよくみると、成人男子ばかりではなく、むしろ女性や子供連れの姿が目立つ。

江戸時代に、そして明治末年に二見浦で行われた海女実演を思い起こそう。皇室関係者に対して特別に用意されたショーであったが、それを見物したのは長橋局と明治皇后、いずれも女性であった。大正期に答志島の海女漁を遠望した良子女王を含めても良い。女性の賓客相手に、エロチックな魅力で接待するはずがない。

では、「エロ」ではない、何が魅力であったのか。海女館を取り上げた絵葉書は、いずれも性的な要素ではなく、その身体

図18　海女館水槽中の海女を示す絵葉書（「国際産業観光博覧会」，長崎県，1934年）

的技能を強調しているように思われる。「国防と教育博覧会」は、教育を謳《うた》った博覧会という性格もあるだろうか、海女館横の看板には「体育奨励」「水中スポーツ」との標語が掲げられていた。同じ年に長崎で開催された「国際産業観光博覧会」では、海女館の水槽中で潜る海女が、八枚組みの絵葉書（連続写真）で紹介されているが、それはさながらシンクロナイズドスイミングを見るようである（図18）。

現代の私たちも、プロスポーツやオリンピックの中継を見ながら、極限まで研ぎ澄まされた人間の身体能力に感嘆する。実演する海女への注目も、海の時代の訪れとともに「泳ぐ」ことが身近になるなかで、海女の特別な技能を賞賛し、憧憬する意識が高まったためではなかろうか。

五　近代の海女へのまなざし

1　県や国による海女調査

近代以降、見世物《みせもの》小屋や博覧会、志摩《しま》での真珠養殖場など、世間一般の人が生身の海女を目にする機会は増えた。それと共に、志摩半島の海で働く海女と、彼女らが暮らす漁村への関心も高まったであろう。民俗学者が海女の調査を本格的に始めるのは昭和期以降のことだが、それに先立って、労働環境や健康福祉、産業（漁業）振興などの観点から、行政担当者による海女漁についての調査がなされ、また人類学分野など学術的研究も始まった。海女の身体的特質への関心から医学者による研究も進み、そして大衆の好奇心に応えるための調査も行われた。

以下、吉村利男氏の労作「近代期の海女調査とその資料」（『海女習俗基礎調査報告書―平成22・23年度―』、三重県教育委員会。同報告書はウェブ上で公開されている）を参考にしつつ、調査を行った人物とその関心の所在、そしてそこで示された海女の実像を概観することとしたい。なお、時期は概ね戦前までの分を対象とし、一部は高度経済成長以前（海女漁に即して言えば、ウエットスーツの導入以前ということにもなる）の成果を含めて取り上げることとする。

『三重県水産図説』と『三重県水産図解』

三重県が実施した明治前期の海女調査としては、先に紹介した明治一四（一八八一）年の『三重県水産図説』とその二年後にまとめられた『三重県水産図解』が特筆される。いずれも三重県内の漁業全般を対象とし、魚貝の種類別に漁法や漁具を彩色の図入りで示し、詳細な解説文を付したもので、海女漁については鰒《あわび》（鮑）の項で取り上げられている。近代的な道具が入る以前の段階であり、江戸時代の海女漁の様相をほぼそのまま伝えるものと考えられる。

調査は数年前に全国一斉に行われたものらしく、水産行政の観点から漁業全体を対象としたものであった。調査の成果を集約する過程で『三重県水産概略』と題された資料も作成されており、『三重県水産図解』には省かれた「種族蕃息《はんそく》ノ保護」の旧慣事例も記される。海女漁に関しては、単にその実態のみでなく、産卵期の休漁や道具を規制するなどの、資源管理への強い意識を伝えている点が注目されよう。

続いて大正三（一九一四）年には、三重県内務部が公的な水産調査を行い、『水産ニ関スル調』とする報告書を発行している。明治期の調査とは異なり、漁村の生活改善や福利厚生を目的としたもので、漁業者の副業に関する統計、水産業補助・奨励の規程が収録される。ただし、海女についての特段の記述は見られない。

図19 「鰒漁蜑婦之図」（『三重県水産図説』より，三重県総合博物館所蔵）

三重県衛生課の『蜑婦ニ就テ』

大正一〇（一九二一）年には、三重県の警察部内にあった衛生課により、保健衛生の観点からの海女についての詳細な調査報告書である『蜑婦《あま》ニ就《つい》テ』がまとめられ、この時期の海女に関する基本的な資料となった（『海と人間』三〇号に影印収録）。この調査も、もともとは海女だけを対象としたものではない。大正三年頃から県下市町村の死亡率、徴兵検査《ちょうへいけんさ》や学校生徒の健康検査の成績などが比較検討され、大正八年にはまず死亡率の高い員弁《いなべ》郡の一村が、第一回目の詳細調査の対象となった。その翌年には逆に「健康地」の代表として、先志摩《さきしま》半島の先端、御座《ござ》村を対象とする第二回目の調査が行われ、近隣の越賀《こしか》、和具《わぐ》、布施田《ふせだ》、船越《ふなこし》、波切《なきり》の村々を含めた海女の調査も行われた。第二回目調査全体の成果『保健衛生調査』から第二輯の海女についての部分を抜粋し、大正一〇年九月に別途刊行・頒布されたのが、『蜑婦ニ就テ』である。ここには、健康と病気の実態だけでなく、海女の呼称や来歴、仕事の実態、飲食や娯楽、風俗慣習に至るまで、ほとんど民俗調査的な内容を含んでいる。海女の体格や婚姻・初産年齢、出産数や月経の始閉などの項目もある。海女漁自体に関しても、禁漁期間の設定や鮑の大きさの規制が紹介されている。

調査がほぼ終わり、刊行準備に入っていた頃であろう大正一〇年三月五日に、『伊勢新聞』は「県衛生課の新しい試み　蜑婦の保健調査」との見出しの記事を掲載し、志摩の海女の健康診断、生活状況を調査した結果、寒中に海中で作業する海女はみな体格優良で長寿であることが判明したことなどを紹介している。

海女の健康

『蜑婦ニ就テ』は、行政部局が組織的に数値データを集積し、海女の身体が健康優良である要因を探るという目的から御座村を中心とした現地調査を行っているだけに、他の調査には見られない興味深い指摘がある。

なぜ海女が健康なのか。健康維持のためには十分な睡眠と栄養摂取が必須であるが、まず海女は海中での激しい労働に加え、陸でも農業や薪材の伐採に、また工作品の製作や漁獲物の加工にと忙しく働く。海女だけをする女性は少なく、「海陸二様主業」、つまり海での漁も陸での農作業も共に「主業」という観がある、とする。志摩の男が結婚相手として求めるのは、「よく働く」ことが基準であったし、海女たち自身にも安逸を嫌う風潮があった。そのように「多労」であるからこそ、睡眠時間を減らすことはない。要は、働き疲れて夜はぐっすり眠るのである。そして栄養補給は、自身が獲る物に加え、得られた収入により栄養あるものを多量に購入して摂取する。これは、潜水により低下しがちな体温を保持するためにも不可欠のことであった。

「蜑婦潜水時ノ食事」の項目には、以下のように一日の食事が具体的に記される。鶏卵を前日に三個、当日の朝には二個を食し、潜水の準備中には焚《た》き火《び》に甘藷《かんしょ》を投じて焼き芋を食し、ひとくら（一漁）を終えたらまず船中で栄螺《さざえ》を焼いて食べ、磯に戻って休息中には甘藷、栄螺、鮑、鰒（とこぶし）、雲丹《うに》を焼いて食べ、ふたくら（二度目の出漁）後にまた船中で焼き栄螺を、磯に戻って昼食時には捕らえてきた魚類を焼き、甘藷と貝類と共に盛んに食す。「三くら」後の舟中でも間食の摂取を繰り返す。一人の海女が一日に食べる量は、甘藷約二貫五〇〇目（一〇kg弱）、貝類一五から二〇、魚類二〜三尾、雲丹数個、その他菓子《かし》類を含むこともある。魚貝類は漁獲によって一定しないが、焚き火で焼いて美味しくなる甘藷は欠くことがない。鮑は商品であるから主にとこぶしを食し、雲丹は気力を増して疲労を減らすとして努めて食べる。また潜水の季節にはなるべく白米を食す傾向にあり、総じて他の住民に比べて「美食」で、その量も多い。

このように、充分な睡眠と栄養豊かな食事により、海女たちの体軀《たいく》は豊饒で、精神も闊達である、と結論付ける。この観点から、海女の身長、体重、胸囲について、各村別に詳細な測定が行われている。

海女の育児法

海女の健康は、その育児法、幼少時の過ごし方にも因《よ》ると考えたようだ。『三重県水産図解』の焚き火の場面でも描かれるように、海女漁村の嬰児《えいじ》は老婆や少女が子守をしつつ磯で待ち、海女漁に出た母親は漁の休息時に授乳をするが、四、五歳にもなれば磯で遊び、一日日光《にっこう》を浴びながら海水に浸るようになる。それゆえに「脳疾患」などに罹《かか》ることはない。九歳にまでなれば潜水の習練を始めて海に親しむために、浪《なみ》を恐れない習性を身に付け、海女へと成長していく。ある識者はこれを「放任的育児法」と呼んだそうだが、調査者が御座村の磯場《いそば》で見た母子たちの姿はよほど印象深かったようで、その様子を情感たっぷりに描いている。少し引用してみよう（一部表記を改めている）。

嬰児は同胞に背負はれ、稚児《ちご》は老媼《ろうう》に誘はれて母の蜑婦の帰りを磯に待ち、蜑婦の舟の磯近く来り、帆蔭《ほかげ》に母の姿を見るや磯の子女は「かーさーん」と慈母を呼び、母の蜑婦は之に応して愛児の名を呼ぶ、此処の磯、彼辺の舟、母と児を呼び交ふる声の限りなく夕の磯辺は慈愛の声に満つるを見るべし、母を待つ愛児の母を呼ぶ一と声は蜑婦人の終日の労を慰するに千金の価ありと卜云ふ

磯で待つ子供と舟で戻る母とが、お互いを呼び合う微笑ましい光景が目に浮かぶようである。遊び疲れた子供は、母に背負われぐっすり眠りに落ち、帰途に着く。この「放任的育児」、すなわち海岸で遊戯《ゆうぎ》を繰り返す「無拘束」の生活と海への浸水、疲れて母の抱擁の内の熟睡により、体の抵抗力を高め、優秀な体軀と健康が保持されるという。

この時代の日本は、紡績業《ぼうせきぎょう》を中心に工業化が進行し、都会の工場では農村から若い女性を集め、「女工《じょこう》」として過酷な長時間労働に従事させていた。この報告書では、「工女募集ノ魔手」が漁村にまで及び、巧妙な勧誘により海女業を捨てて紡績工場へ働きに出、結核《けっかく》やその他の病気に倒れて健康を害する状況を、「光輝ある潜水業」「潜水の天職」と対比させて記し、海女という仕事を健康面から高く評価している。

一方で婚姻に関する習俗については、正式な結婚式以前に事実婚が普通であるなど男女関係が「開放的」という言葉を使いつつ、やや批判的に捉えているようである。この時期の志摩地方では、養女が盛んに取られていたうえに、

外へ嫁ぐことを嫌うため、人口の男女比に差が出ていた。海女漁の収益が大きいことから、女は総じて晩婚で、妻の方が年上の夫婦も多いことが指摘される。そして、婚期を失った壮齢の女性が、孤独の情を充たすために複数の男子を扶養し、金銭を貢ぐ風習をも紹介している。

県衛生課の海女調査は、保健衛生の分野だけでなく、近代に入って導入された磯眼鏡《いそめがね》を、形状と材質で八種類に分けて図入りで紹介し、速く潜水するための錘《おもり》や「分銅《ふんどう》」の変遷を記すなどしており、御座村を中心にやや地域的には偏りがあるものの、この時期の海女の労働や生活を詳しく伝えてくれる貴重な資料である。

水産試験場の漁村調査

衛生課の調査の直後になるが、大正一〇（一九二一）年末から翌年三月にかけて、三重県の水産試験場による志摩郡を対象とした調査が行われた。これは明治四二（一九〇九）年に調査がなされた南北牟婁郡《むろぐん》（成果の公刊は同四五年）を皮切りに、県内全域を地域に分けて実施された「漁村調査」の一環である。明治四二年施行の「明治漁業法」に伴い、漁村の現状をつまびらかにし、漁業経営の改良を図る目的で行われたもので、志摩地域の漁村ごとの村勢、漁具・漁法、漁獲量等が統計的に記され、海女についてはその多寡《たか》や、出稼ぎなどが記録された。なお、南北牟婁郡の調査報告において「磯売り」の慣習の仕法と実態が詳しく紹介され、この制度に基づいて志摩海女が雇われて出漁していたことは、先に見た通りである。水産試験場は昭和四（一九二九）年にも同機関の雑誌に「本県ノ海女ニ就テ」とする報告を載せ、その人数や年齢、漁獲高を示し、「ハイカラ」と呼ばれる滑車で海女を船上へ引き上げる道具についても記録している。

明治・大正期の行政による調査は、水産振興や保健衛生を目的とし、基本的に県内全域を対象に行われるなかで、海女や海女漁村が取り上げられた。しかし、昭和四年に行われた調査は、潜水業自体を対象としたものであった。三重県学務部長名で命じられた調査に加えて、房総半島を中心に海女漁が盛んな千葉県の、やはり学務部長からの照会もなされている。いずれも文書の表題は「潜水労働者ニ関スル（調査ノ）件」とされ、内容も類似しており、両県の調査が政府の方針の下で行われたことを思わせる。調査項目は、人数と漁獲高、販売法、雇用形態と賃金、作業の季節、年齢などであった。男子の潜水労働者＝海士も含むものの、海女の労働自体が注目を集めるようになったのである。なお、七年後の昭和一一年に水産課が行った海女調査は、昭和四年段階の調査を深める目的で行われたようで、潜水の深度や時間、従業日数、後継者養成などの項目が掲げられたが、その成果は不明である。

労働行政上の調査

昭和九（一九三四）年には、名古屋地方職業紹介事務局から『三重県志摩半島「海女」労働事情』という報告書が発行された（谷川健一編『海女と海士』所収）。地方職業紹介事務局というのは、職業紹介法に基づき大正一一（一九二二）に、中央職業紹介事務局と共に、まず東京と大阪に新設された機関である。内務省《ないむしょう》の地方ブロック局で、職業紹介所の指導監督や業務連絡に当たり、次第に増設されて青森、長野、名古屋、岡山、福島を加えて七局となった（中島寧綱『職業安定行政史—江戸時代より現代まで—』）。詳しい事情は不明だが、名古屋の地方ブロック局が管轄区域内に含まれる志摩半島について、労働行政上の立場、必要から調査を行ったものであろう。

漁協への聞き取りに基づきデータを集めたようで、村別にカチド・フナド別の海女の数や漁獲物、従漁日数、生産高と収入が示されるほか、近年の海女の増減、資源管理のための道具制限のあり方、出稼ぎと多様な副業、真珠養殖との関係、そして生活一般まで調査が及んでいる。「近年の傾向」としては、「副業海女」の増加により全体に海女の数は増加傾向だという。一方で、資源の減少や朝鮮半島からの海女が熊野灘沿岸で雇われるようになったことにより、出稼ぎは大きく減少した、ともしている。

志摩半島の海女漁村における女性労働の特質として、ほぼすべて農耕にも従事し、男の漁業の手伝いをしつつ、養《よう》蚕《さん》、筵《むしろ》織り、刻荒布《きざみあらめ》製造等も行うなど、その勤労ぶりは「驚異的」であり、概して漁村女性は良く働くものだが、「志摩の海女はそれ以上」だとする。他方、海女漁や稲刈りの手伝いなどの一時的な出稼ぎはあるものの、紡績女工になることを嫌い、その数が極めて限られること、婚姻にしても近隣に限定される傾向が強く、「志摩の女は他国の土となる事を嫌ふ」ことを指摘している。

海女が臨月まで潜り、海で産気づいて帰宅する前に浜で産んだなどという話は、民俗調査などで伝えられていることだが、この調査では労働の観点から海女のお産習俗も調査し、「母の胎内に居る中から海に潜る」として、母娘でなりわいが受け継がれる様相を記している。

2　海女研究のはじまり

水産振興や衛生を目的とした行政の取り組みとは別に、関心をある程度共有しつつも、学術的な関心に基づき、海女自体に焦点を絞った調査も行われるようになった。

人類学的調査

比較的早い時期のものとして、明治一九（一八八六）年と二一年に、『東京人類学報告』という雑誌に志摩海女に関する調査報告が発表されている。まず明治一九年一一月号には、伊勢山田の出身で東京美術学校教授となった福地《ふくち》復《ふく》一《いち》が、前年に先志摩半島を訪れた際の聞き取りに基づく「志摩御坐村ノ習俗」を発表した。天草採取の様子を道具の名称と共に紹介し、また養女制についての言及もある。明治二一年一二月号には、古坂生を名乗る者による「志摩国英虞《あご》郡《ぐん》和《わ》具《ぐ》邨《むら》ニツキテ」が掲載された。海女調査自体を目的に来訪した訳ではなく、別件のついでに和具村の風俗を手帳に図と共に記録し、紹介したものである。村中の女は大抵が海女であることを述べ、フナド海女については、引き竿を用いた様子が描かれる。

『東京人類学報告』の二編は、明治前期の記録として貴重ではあるが、確固とした学術目的で行われた調査とはいえず、たまたま見聞した海女の様相を記録したというに止まる。

ゴードン・スミスが賞賛した答志島海女

一九世紀半ばに生まれたイギリス人のゴードン・スミスは、生涯の大半を世界各地への旅中で暮らした。大英博物館の要請に応じて博物標本を採集しては送付し、趣味の狩猟を行い、そして好奇心旺盛に各地の奇異な風俗などを記録したイラスト入りの膨大な手記を残した。日本には一八九八年を皮切りに六度訪れているが、一九〇三年から翌年にかけて五度目に来日した時、答志《とうし》島《じま》に渡り、海女漁を観察し、彼女たちと交流している。彼の手記のうち日本に関する分は『ゴードン・スミスのニッポン仰天日記』（荒俣宏翻訳・解説）として刊行されているが、答志島滞在中の見聞を中心に見てみよう。

一九〇四年の一〇月にスミスは神戸《こうべ》から奈良、亀山《かめやま》経由で三重県津市に着く。県庁を訪問し、知事が作成した鳥羽《とば》への紹介状を受け取る。ここで農業局長の「ナガ氏」が、「某一流画家が水彩でイラストをほどこした、行政当局発行の漁業関係の本を全部見せてくれた」とあるが、これはおそらく『三重県水産図解』のことではなかろうか。「ナガ氏」から海女の話を聞いて俄然興味関心を高めたスミスは、ヨーロッパ人最初の訪問者として「トシ島」（答志島）へ渡ることを決める。伊勢参宮を経て鳥羽に着き、キノコ入りの海藻スープ、揚げた鯛《たい》、ところてん、鮑、伊勢エビなどの御馳走を振る舞われた。宿の主人から海女に関する神話を採取し、海藻は若い女が海へ潜って採ることも手記に書いている。翌朝、小さな平底船に乗り、転覆の恐れに怯《おび》えつつ「トシ島」に着岸し、上半身裸体の島民たちに迎えられる。事実か否かはともかく、「ここでの潜水は、一〇〇〇年かもっと昔の方法そのままでおこなわれている。われわれが文明とよぶものは、ここにはまったく影響していない」との認識を示す。

快適な赤い毛布と最高のクッションが敷き詰められた船が用意され、スミスは海女漁の現場へ赴き、二時間ほど楽しく見物した。海女たちは波に流され、泡に包まれつつも、危険な場所でもすいすいと人魚の如く泳ぎ、潜《もぐ》る度になにがしかの獲物を手にしている。興味深いのは、その獲物は鮑だけでなくイガイや伊勢エビ、蛸《たこ》などさまざまで、大きな魚を見付けると銛《もり》で仕留めるなど、海で採れるものは何でも採るという漁の実態である。

同じ潜水漁でも、海中での銛の使用の有無が男海士と海女とを分けるとの見解もあるが（最上孝敬「海士・海女について」『原始漁法の民俗』、桜田勝徳「男の潜水漁のこと」『桜田勝徳著作集』3）、スミスの観察に間違いがなければ、答志島の海女は銛を用いていた。現在でも、海中で手頃な魚を見掛けたらノミで突いて獲るという海女さんは間違いなくいる。

漁を終えた彼女たちと写真を撮り、食事を共にする。スミスは住民たちを喜ばせるために蓄音機を用意してきたが、その意図はしっかりと理解された。海女たちは海水での労働により髪は傷み皮膚は荒れ、外見はよくない。しかしスミスは、ことのほか彼女たちのことが気に入ったようだ。「頭の回転の速い、親切な人たち」「（性格は）この周辺に住む日本人のなかでも、ひときわ高水準にある」「度胸があり、たくましく、親切で勇敢」などと賞賛の言葉を並べ、「実際、私はここにいる島の人々ほど好きになった日本人はいない」との思いを吐露している。日本人に対してはその礼儀正しさを称え、総じて好意的だが、答志島での海女たちとの交流は、日本滞在中に特に印象に残ったようだ。ゴードン・スミスの手記は、学術的な分析を及ぼしたものではないが、基本的に江戸時代以来の形態が残る時期の海女漁を欧米人が見聞した記録として、とても興味深い。

京都帝大生の海女労働調査

この時期の個人による海女調査として特筆すべきは、大正四（一九一五）年に行われ、その二年後に『蜑婦労働問題の研究』としてその成果が公刊された、伊丹萬里によるものである。伊丹は当時、京都帝国大学法科大学生であったが、前年に日本アルプスで胃腸を患い、加えて神経衰弱にもなり、治療のために鳥羽で療養中であった。その間の時間を利用して調査活動を行い、大学の経済演習の報告論文としてまとめ、復学後に指導教授の神戸《かんべ》正雄《まさお》に提出したのだという。

神戸正雄は著名な財政学者であり、当時は京都帝国大学法科大学長（現在の法学部長）であったが、その後経済学部長、関西大学学長を経て、戦後すぐには京都市長を務めた人物である。神戸は伊丹論文を「かくのごとき面白い社会問題の書物に接したことは近頃ない」と激賞し、この成果を自分のみの楽しみとすることを惜しいとして公刊を勧め、序文を寄せ出版されることとなった。伊丹が序論において記していることだが、当時は女性の労働問題に関する研究が増加しつつあったものの、その多くは欧米の所論を紹介するか、あるいはそれらを日本社会に直接適用する議論に過ぎなかった。だが、海女漁という魚貝と海藻の採取労働は、まさに日本独特のものである。神戸もこの点を高く評価したようだ。

伊丹は志摩漁村をくまなく巡り、各村の村長や学校、漁業組合幹部、寺の住職、教会の牧師、志摩郡役場、水産試験場、崎島水産学校の関係者、古老、そして何より多くの海女たちから話を聞き取った。特に答志島と先志摩の和具村で、詳しい調査を行ったらしい。特別に謝辞を記している海女だけでも、答志島の若き名手たる橋本きく、中村こする、和具村の朝鮮出稼ぎの古参である中村こすみ、小川お三、同村の紀州出稼ぎ老練家の大山はつの、の名前が挙げられている。「舟子の一人として船暈《ふなよい》の苦みに堪《た》へ」との感慨を記していることから、実際に海女舟に乗ったこともあったようだ。調査は前後一五〇日に及んだとする。

『蜑婦労働問題の研究』の叙述

叙述は古代以来の歴史から始まり、男女分業の展開について示された独創的見解もあるが、歴史上の事実に関しては事実誤認も少なくはない。伊丹の主たる関心と本領は、歴史ではなく現実の漁村における女性の労働の位置付けにこそある。大正期は先に記した通り海女漁を中心とした「漁業バブル」の時期であり、海女人口の増加や養女制の発達、そして「男一人位を養ひ得ざる者は一人前の女子にあらず」といった稼ぎの多さに関する叙述も目立つ。朝鮮や熊野《くまの》灘《なだ》への出稼ぎについては、当時の規定や組織などを多数紹介し、特に海女の雇用形態や報酬を詳細に記すが、収益計算から海女の不利を指摘し、海女の無知に乗じた「資本家の横暴」に対する批判の舌鋒は鋭い。

前提として、海女労働を高く評価する論を見よう。まず、海女という労働が危険で就労者に苦痛を与え、その健康を害するという懸念を悉《ことごと》く否定する。特に工場労働に比較しての特長を並べる点は、痛快ですらある。まず、海女たちは海に慣れているために、工場の女工に比べ死亡率は低い。工場労働が長時間の単調な労働である上、心身の拘束を受け、沈黙と強度の注意を求められるのに対して、海女漁は空気清浄かつ変化に富む自然のなかで、仲間たちと談《だん》笑戯語《しょうけご》をしながら働き、自立的で、体全体を用いたなりわいである。それゆえに海女たちは「快活にして若々しく」、「其の強健なること真に驚くに堪へたり」とする。

当時の漁村は風紀が紊乱《びんらん》しているとの世間の批判に対しても、志摩漁村に寄り添い、その実態から反論を加える。海女たちが上半身裸で漁をすることを非難するのは都会の上層階級に属する人びとであり、漁村でそうした風俗を見たこともなく「一般婦人の標準を都会の婦人に置かんとするものの如し」と批判する。志摩漁村では未婚の男女が集団で寝泊まりする「寝屋《ねや》」という施設を持ち、そこが自由恋愛の場ともなっていた。これを当時は卑猥な風俗として警察を先頭に絶滅させんとしているが、伊丹は寝屋を父兄公認の「健全なる社交及婚姻の媒介所」であるとして弁護・肯定している。総じて志摩地方の海女は、婦人の労働として決して排斥すべき性質のものではなく、むしろ女子労働の一つとして、他の漁村においても奨励すべきもの、と結論付けた。

海女を含む地元関係者への徹底した聞き取り調査、網羅された項目、常識に囚われない批判精神、そして優れた叙述能力には舌を巻く。徹頭徹尾、彼は海女に優しい視線を注ぎ、そして海女というなりわい自体を多方面から肯定的に評価した点は、現在にも活きる先見性を持っていると思う。

普段大学生を相手にしている立場として、これが学生のレポートかと、当時の帝大生の力量に圧倒されるばかりである。これだけの高い能力を示した伊丹萬里だが、惜しいことに研究者としての道は歩まなかったらしい。おそらく在学中の成果だと思われるが、二年後の大正八（一九一九）年八月に、京都帝国大学経済学会が発行した『経済論叢』という雑誌に「今年度下半期に於ける内地産米の量、価に就て」との論考を発表したほか、その後の彼の足跡を辿ることはできない。

さて、先に見た大正一〇年の三重県衛生課『蜑婦ニ就テ』は、大正期の海女に関する行政機関の調査報告として白眉のものだが、明らかに伊丹の研究を参照したと思われる箇所がある。伊丹は志摩海女の朝鮮や紀伊半島（熊野灘）への出稼ぎ、真珠養殖場での雇用など、彼女たちの労働条件に深い関心を寄せ、詳述しているのだが、その部分を『蜑婦ニ就テ』は、表現は少し変えながら、ほぼそのまま引用しているのだ。ところがどうしたことか、伊丹萬里の名前も著書名も出ず、出稼ぎ中の労働契約については「郡内布施田尋常小学校ニ於テ調査シタルモノハ頗《すこぶ》ル要ヲ得タルヲ以テ其ノ大要ヲ掲クルコトトナシタリ」として、伊丹の叙述が紹介されているのである。悪意あってのこととは思われず、何かの勘違いなのであろうが、伊丹の研究は労働衛生問題を専門的に管轄する行政機構により「頗る要を得たる」と高く評価されたという点は確認しておきたい。

地理学からの海女研究

伊丹は恐らく三重の出身ではなく、療養に訪れた鳥羽・志摩でたまたま海女に接したのだが、明治三〇（一八九七）年に松阪《まつさか》魚町に生まれ、伊賀《いが》の上野《うえの》中学・高校で教鞭を執りながら地元三重の地理学の先達《せんだつ》となる活動をし、そのなかで海女も取り上げたのが辻井浩太郎である。昭和三〇（一九五五）年の没後、関係者によって遺稿集『三重県地誌の研究』が刊行された。

辻井は県内各地の人口増減や産業構造の特質に関心を持ち、伊賀盆地、伊勢平野、熊野灘、そして志摩半島のそれぞれを対象に地理学的分析を及ぼした。志摩半島に関しては、その地域性を構成する主要素として海女漁に着目し、まず昭和六年三月に「志摩半島雑感」を『地理教材研究』一五輯に発表し（後に改題のうえ『三重県地誌の研究』に所収）、また戦後すぐの調査に基づき「志摩半島に於ける海女の地理学的研究」をまとめている。志摩に海女が多い理

図20　漁の合間に海岸の焚き火で体を温める菅島の海女たち。1990年6月撮影。（鳥羽市立海の博物館提供）

由として、岩質の海底、接近する暖流、入江・小湾に臨み暗礁顕礁が多く魚介藻類が豊富なこと、一方で耕地に乏しいことを挙げる。志摩漁村のなかでも耕地面積を人口で割った農地の耕作率と、女人口中の海女の数を示す海女率とはほぼ反比例する。男たちが沖合や遠洋の漁業に従事する一方、志摩の田畑の農耕作は主に女によって担われた。それゆえに、三重県内の地域比較において志摩では女性の有職業率が高く、また農業以外に薪取りの山仕事や加工・運搬、出稼ぎなど多様な仕事に従事することも指摘する。これらは他の調査者によっても報告されていることではあるが、人口や産業データに基づいて実証した意義は大きい。

　海女漁の年間の就業日数は、先志摩半島と南鳥羽の一部（相差《おおさつ》村《むら》）では年間七か月に及ぶのに対して、答志島、神島などでは二か月に止まる。この傾向は、現在にも引き継がれている。戦前から戦後の十数年で、志摩全体では海女の数は増加するが、先志摩半島ではむしろ減少傾向にあった。この点について、カチド海女は就業が容易であるものの、先志摩半島で盛んなフナド海女は練習が必要なため、と説明している。このように、志摩地域の地域特性だけでなく志摩内部の地域差を強く意識した分析が、地理学者たる辻井の本領である。一方で、半裸体の海女が大正末年からシャツを着用するようになったとの指摘、海女を滑車に掛けた綱で引き上げる「ハイカラ」が大正二（一九一三）、三年頃から使用されるとの言及は、必ずしも志摩一般のこととは言えないだろう。道具や服装の変遷は、それこそ志摩の漁村ごと、また海女個人による違いが非常に大きいのである。

辻井が調査を行った時代には、志摩一円以外に伊勢国度会郡《わたらいぐん》の田曽浦と北牟婁郡《きたむろぐん》長島町に五名ずつの海女がいること（ただし、志摩からの嫁入りによる海女だろうと推測している）、フナド海女漁における船上の男（トマエ）の労働が過重なものであること、若い頃から海女漁を営む女性が長命であること、海女の資源管理の工夫など、興味深い指摘も少なくない。

生業としての海女漁だけでなく、産仮屋と別火《べっか》、また寝屋などの民俗や、海女の日常生活にも関心を及ぼしている。一五貫（約五六kg）の体重を有した海女が、夏の漁期を終えると一一貫（約四一kg）にまで減少したとの事例が紹介されているが、過酷な労働による体重変化は、それほど著しかった。それだけに、海女にとっては食事が大事である。辻井は、海女たちが一日に五、六回食事をし、一回に一、二合の米を食べること、一日に鶏卵を三個食べるなど、栄養の摂取蓄積に努めていることを記す。この点は、伊丹萬里が強調した点と共通する。そして、戦時期に海女が減少したのは、食糧難により海女漁に必要な食事を確保できなくなったことが要因の一つではないかと推測しているが、傾聴に値する見解である。

「労働科学」創始者の暉峻義等の海女調査

体ひとつで海中を潜水する過酷な労働を営みながら、海女が健康で長寿であることは、大正一〇（一九二一）年に行われた三重県衛生課の調査の動機となったものである。衛生課では、十分な睡眠と栄養摂取にその要因を求めた。これに先立って京都帝国大学の学徒伊丹萬里も、労働問題の見地から海女の健康を論じ、工場労働に比べて自然のなかで仲間たちと共に自立的に働く健全さが、心身に与えた好影響を強調した。

ほぼ同時期に、工場女工らの労働環境に関する研究から、その比較対象として海女の働き方に注目したのが、労働科学の提唱者として知られる暉峻義等《てるおかぎとう》である。東京帝国大学医科大学を卒業した医学者である暉峻は、大原社会問題研究所勤務を経て、大正一〇年に倉敷紡績社長の大原孫三郎《おおはらまごさぶろう》の招きを受け倉敷労働科学研究所の創立に関わり、その所長となった。当時、日本の経済発展の推進役であった紡績業は、農村から都会の大規模工場に集められた大勢の若い女性たちの労働によって担われていた。だが、その労働環境が過酷なものであったことは、大正一四年に刊行された細井和喜蔵《ほそいわきぞう》のルポルタージュ『女工哀史《じょこうあいし》』や、映画化された山本茂実《やまもとしげみ》著『あゝ野麦峠』などでもよく知られている。岡山の大地主の家に生まれ、放蕩の学生生活を経て二〇代の若さで父孝四郎から倉敷紡績を継いだ大原孫三郎は、女工らの労働環境の改善に努め、教育・医療の充実などさまざまな社会事業や文化事業に熱心に取り組んだ。明治期の慈善事業家である石井十次《いしいじゅうじ》の影響や、キリスト教に入信したこともあったであろうが、当時の実業家の懐の広さを感じさせる。

さて、彼に招かれた暉峻義等は、倉敷を拠点に、紡績女工についてその健康や体型への影響などの調査研究を進めた。その暉峻が、昭和二（一九二七）年六月三〇日から七月一一日にかけて、助手七名と共に三重県の志摩郡和具村で海女の調査を行っている。翌年七月にも第二回の調査がなされたようだ。

紡績女工の研究を課題とする暉峻が、なぜ海女に興味を持ったのか。それは、自然的な環境での自由な労働形態を取る海女こそが、紡績工場において機械に使われる強制的な労働形態で働く女工の対極にあり、比較対照するのに最もふさわしいと考えたからであった。

暉峻義等は紡績女工の分析のなかで部分的に海女との比較に言及し、また志摩海女の調査に基づいて基礎的なデータを紹介する「海女の研究」という論考をまとめてはいるが、その観点は、暉峻本人よりもデータの提供という形で他の研究者によって活用されている。

倉敷労働科学研究所の所員小川惟煕が、暉峻の海女調査開始と同年に、瀬戸内海沿岸地方の四か所の紡績工場で働く女工について調査した結果を「婦人労働者の発育に関する研究（一）―特にそれと出産との関係について―」として、同研究所の紀要雑誌『労働科学研究』に発表している。出産経験のある女工三百余名について、その身体各部位一二か所を計測し、普通婦人と比較検討した上で、一部に差異は認められるものの、「若年よりの機械的産業労働が婦人の身体的発育を著しく障碍《しょうがい》すとの結論に達することは出来ない」との結論を導き出し、出産と関わる骨盤への影響も否定した。

だが、この論文に接した暉峻所長は、すぐさま小川に対し、絶好の対比として海女の発育状態とを比較考察すべきことを指示し、志摩郡和具村での調査データすべてを与え、再検討を促した。小川が翌年に発表した「婦人労働者の発育に関する研究（二）―紡績婦人労働者と海女との比較―」においては、身体測定の数値を一々比較した上で、「機械的産業労働はそれに従事する発育未完成の労働者の身体発育を著しく阻止障碍すべし」という、前稿と正反対の結論に到達している。明らかに、暉峻の考えに基づいたものであろう。

医学的見地からの海女研究

戦後になって海女の健康を医学の観点から追究した東邦大学教授の額田年《ぬかだみのる》は、海女の働き方の特長を理解する上で、大変興味深い指摘をしている（「あま（海女）―主として体力医学面からの概観―」『水産時報』一〇巻一〇六号、『海女―その生活とからだ―』）。額田は一九五六年頃から鳥羽・志摩、能登《のと》、伊豆《いず》を中心に海女の体型体格、身体能力や疾病《しっぺい》などを調査して廻った。明記されてはいないが、データを見ると、少なくとも調査対象となった海女は一〇〇人以上にのぼる。三重県では波切村を中心に調査したらしい。

多くの調査者が指摘するように、水圧により鼓膜《こまく》を損傷しがちで難聴が多く、外耳炎《がいじえん》も目立つものの、総じて海女の健康状態は良い。額田は、海女は一般に多産かつ安産で、異常分娩が少ないことも指摘する。だが体格面では一般婦人と大差はなく、体型的な特徴も特に見出せない。そして意外な感じがするのだが、肺活量もさほど大きくはないという。海女が海中に長く止まっていられるのは、肺活量の問題ではなく、いかに長い時間をかけて呼気を排出するかという修練を積んだことによる、と指摘する。

栄養状態は良好で、健康に満ちあふれている。海女の血圧は安定しており、中枢神経系欠陥損傷溢血《いっけつ》、すなわち脳卒中で倒れたものが皆無に近い。これらは彼女たちの漁獲物である魚介・海藻類をよく食べ、タンパク質の摂取も十分であることに依るだろう、としている。

長寿の秘訣として、海女の疲労に関する調査が面白い。額田は、海女の尿中のタンパク質と血液中の白血球数、そして疲労度を示す「フリッカー値」の測定により、身体と精神の疲労の両面について数値の変動を調べた。海女の体で疲れる部位は、一番は肘《ひじ》で、次に肩、そして首の付け根である。これは海女の潜水中の姿勢や体の動かし方を考えれば理解できよう。だが総じて疲労の回復は早く、睡眠により解消し、翌日まで蓄積されることはほとんどない。つまり、一般に思われるような過重な肉体労働では必ずしもない、とする。

疲労の回復は、結局のところ休憩時間の確保次第である。海女は、漁のあいだにも自分の体調や疲労度に応じ、自分のペースで任意に休息を取る。ここに、ベルトコンベヤーの動きに従って働き続けねばならない工場の女工の疲労と本質的な差違があるとし、「職業婦人の中で最も健康的な条件に恵まれている」と結論付けた。

額田が分析した時代とは比べものにならないほど機械や電子機器、情報に拘束されている現代において、自然のなかで全身を動かしつつ、自立的かつ仲間と共に行う海女漁は、より一層その魅力と価値を増しているように感じる。

3　鳥羽・志摩の民俗

鳥羽の奇才岩田準一

海女を中心とする志摩地方の民俗調査を最初に行ったのは、鳥羽に生まれ、上京して文化学院で竹久夢二《たけひさゆめじ》に師事し、与謝野鉄幹《よさのてっかん》・晶子《あきこ》夫妻や渋沢敬三《しぶさわけいぞう》らとも交流しつつ、画家、文筆家、風俗研究家として多彩な活躍をした奇才、岩《いわ》田準一《たじゅんいち》である。岩田は男色《だんしょく》の研究家としても知られ、この分野では江戸川乱歩《えどがわらんぽ》に加え、南方熊楠《みなかたくまぐす》とも盛んに情報交換をしていた。二〇代の終わりの昭和四（一九二九）年に故郷鳥羽に戻り、志摩地方の民俗調査を本格的に開始する。渋沢が主宰する民俗学会アチック・ミュージアム（後の日本常民文化研究所《にほんじょうみんぶんかけんきゅうじょ》）の会員ともなり、民俗調査の成果を発表していった。「私の採集話」というエッセイによれば、綜合的な知識の所有者による「史」ではなく、文字無き人の「民俗」を、時には切れ切れの記憶で支離滅裂なこともある話から聞き取ろうとした。そのために志摩言葉を使い、警戒心を呼ぶ洋服を脱ぎ捨て、まず子供たちと仲良くなり、老人の世間話、愚痴や不平に耳を傾けるなどの努力を惜しんでいない。

岩田が著した『志摩の蜑女』（後に『志摩の海女』と表題を改めて再刊される）は、鳥羽帰郷から昭和八（一九三三）年頃までの間に行った調査を元にまとめられたものである。生活や作業の道具については、近代化がまだ徹底していない時期の様相がよく記録されており、貴重である。磯眼鏡普及前の漁を記憶する海女から「メクラサガシ」という漁

図21　安乗の海女小屋で，焚き火を囲んで憩う海女と子供たち。1972年8月撮影。（鳥羽市立海の博物館提供）

の方法が紹介され、半裸体から磯シャツへの移行についても触れられる。藁《わら》や薦《こも》などで囲まれた漁期だけの一時的なカマドがまだ一般的な時期に、先志摩半島では常設の海女小屋が生まれているとしており、海女の休息施設の変遷や地域差が分かる点で興味深い。また、当時は錘《おもり》を持って深く潜る海女を船上の滑車で一気に引き上げる「ハイカラ」が普及していたが、石鏡《いじか》では海老《えび》や海鼠《なまこ》の漁では用いても鮑漁ではハイカラを使わず、引き竿による古風な漁を守っていること、菅島でも同様の傾向がある上、ここでは磯眼鏡も使っていないこと、などが紹介されている。これらは乱獲を防ぐ目的であったが、村ごとの対応の違いも大きかったのだ。地域差という点でいえば、明治二〇（一八八七）年頃に内務省が実施した地誌取調の報告草案から、答志《とうし》郡、英虞《あご》郡それぞれについて海女獲物の産額・売上額が示されているのだが、両郡で傾向がずいぶん異なる。金額ベースで見ると、答志郡は鮑が三一％、海参（イリコ）と若布《わかめ》が二〇％弱、章魚《たこ》（蛸）が約一〇％などとなっている。一方英虞郡では、答志郡で見られた蛸と海苔《のり》が見られず、逆に真珠は英虞郡にのみ見られる。なお、両郡とも当時はまだ栄螺が商品化されていなかったことの注記がある。

両郡の違いとして何より目立つのは、英虞郡では寒天《かんてん》の原料である石花菜《せっかさい》（天草《てんぐさ》）が七三％と圧倒的な比重を占める点である。そのため、鮑の比重は一〇％に満たない。だが、答志郡では石花菜は取るに足らない量である。岩田のこの時期の調査は、道具・設備の近代化の移行期における海女の実態を記録し、そして志摩でも地域（村）ごとで偏差が大きいことを示したところに、価値があるだろう。

岩田は海女たちの伝承や語彙《ごい》に強い関心があったようで、海中の幽霊《ゆうれい》であるトモカヅキや、竜宮を見てきた海女伝説譚などが村々で採集され、秀逸である。これらの話は村名と話者の名と共に紹介されるが、北海道への出稼ぎの項で触れた国崎の橋本とら女も登場している。

「女性の働き」の民俗研究者瀬川清子

岩田にやや遅れて海女の民俗調査を行ったのが、瀬川清子《せがわきよこ》である。明治二八（一八九五）年に秋田県鹿角《かづの》に生まれ、小中学校の教師を勤めていたが、昭和八（一九三三）年に能登半島沖の孤島舳倉島《へぐらじま》で行った初めての民俗調査の報告が柳田国男《やなぎたくにお》から高く評価され、以後調査活動を本格化させる。

舳倉島は、輪島《わじま》の海女たちが季節によって移住しつつ漁を営んだ地である。瀬川は海女が行商によって得意先の村々へ獲物を売り歩く「灘廻り《なだまわ》」というなりわいにも注目した。海女のさまざまな移動形態、そして漁業から商業へと展開する女性の労働が詳しく記される。

志摩半島の海女については、国崎の橋本とら女の聞き取りが中心であるが、その臨場感あふれる叙述は秀逸であるし、先に北海道への出稼ぎについてみたように、極めて正確な聞き取りである。話を引き出す調査者の腕が発揮されたものであろう。

もちろん民俗学者として、海女漁村の衣食住や口開《くちあ》けなどの祭礼・年間暦、婚姻制度、信仰、道具、慣習（決まり事）、語彙についての調査もきちんと行っているのだが、海女の大規模で多様な移動を伴う働きを明らかにした点に、一番の意義があろう。

瀬川は女性民俗学者として、「女性の働き」を民俗学のなかに位置づけたと評価されているが、漁業のなかの海女漁の実態と特質を、この時代にあって的確に把握している先見性にも驚かされる。幕末期から始まり、近代以降に次第に発展していった貝類や海藻類の移植・増殖栽培漁業にも関心を寄せ、自然採取から徐々に海の農耕化、養殖時代に移行したことを述べ、鳥羽の国崎村で行われている輪採《りんさい》制、稚貝《ちがい》放流に注目する。現代の漁業は、自然界から無制限に魚介を取るのではなく、計画的に資源を管理し、増養殖を図る方向へと大きく転換しつつあるとし、限られた陸地に比べ広大な海は、世界の食料問題を解決させる重要な鍵を握っているのだ、とも主張している。現在でもそのまま通用する、的確な提言である。そして、海女漁を通して「耕作以前の人々の気持の一端に触れられるような気がする」との記述に、私は大いに共感を覚えるのである。

志摩の郷土史家伊藤治

旧志摩町の和具で教鞭をとり、昭和三〇年代には志摩町の教育長も務めた伊藤治は、当地特有の海女習俗に深い関心を寄せ、「和具の海女」「女性の出稼ぎ」「志摩の海女」「和具郷土誌　海女の一日」「和具郷土誌　海女の生活」「和具郷土誌　働く人々」の調査記録を残している。昭和三二（一九五七）年六月二三日の『伊勢新聞』によれば、和具郷土誌全二〇集を編纂する計画であったという。謄写版の原稿に、知人の揮毫《きごう》による書名入りの厚紙表紙が付されていることからも、ある程度の部数が作られ、関係者に配付されたものと思われるが、広く刊行されてはいない。ご子息で越賀郷蔵《ごうぐら》文書を長く守って来られた伊藤幸治氏の御厚意でこれらの玉稿を閲覧させて頂き、そのなかの昭和三二年に書かれた「和具の海女」を、『海女習俗調査報告書―鳥羽・志摩の海女による素潜り漁―』(三重県教育委員会、二〇一四年)に収録させて頂いた。

沖合に大島《おおしま》という良い漁場《ぎょじょう》を持ち、先志摩半島のなかでもとりわけ海女の多い「海女の本場」和具において、日常的に海女と接する立場からの叙述は、臨場感に溢れている。海女の歴史から説き起こされ、漁の形態、用いる道具や漁獲物、さまざまな労働、収入、衣食住に結婚、教育、年中行事《ねんじゅうぎょうじ》、信仰、俚諺《りげん》や歌謡《かよう》など幅広い。必ずしも整った構成・記述を取っているとは言えず、箇条書きのメモ様式の部分もある。時に調査報告調であり、別の部分では小説・エッセイ調も見られ、古歌や若山牧水《わかやまぼくすい》の歌を交えながら、海女に興味を持つ観光客へ話しかけるような調子もある。浜での母子の楽しげな交流や火場の団らん、口開けの様子などは詩情たっぷりに叙述し、魅力的だ。

「女がこれ程に働く所は全国的にも珍しい」との評価を記し、海女の労働が多様かつ過重であることを強調する。良い漁場を持ちながら山林《さんりん》資源に乏しい和具においては、近隣の村へ「買い山」をして、陸路・海路で薪確保に赴く様子も紹介する。一方で、激しい労働を担うがゆえに常に滋養を摂ることを怠らず、鶏肉、牛肉を好んで食べるなど惜しげもなく食べ物を買い求め、食の面では「海女は寧《むし》ろ贅沢である」とも指摘する。

興味深いのは、同時代の海女をとりまく環境の変化である。「和具の海女」は昭和二九年頃の調査に基づいているが、老海女の話を引用しながら「海女も数十年以前、いな十年以前とも余程変った」という。「粗衣粗食は遠き昔の夢の如く」と生活が全般に向上し、特に娘海女の衣服などは、都会女性と違いはない。海女漁自体についても、明治期以来の磯眼鏡の普及と改良により、眼病が減少した。もうひとつの大きな変化は、櫓漕《ろこ》ぎの船から機動船に代わったことである。和具の集落から主要な漁場の大島まで、フナドでも夫婦二挺櫓で一時間余りを有したが、油代は掛かるものの、機動船によって労力は大きく軽減された。

この時期に隆盛していた、御木本幸吉《みきもとこうきち》らによる真珠養殖の影響も大きかった。下磯《しもいそ》という熊野灘への出稼ぎは、江戸時代以来、自分たちの漁場の休漁期や不漁の時などに活発に行われていたが、真珠養殖場という稼ぎの場ができたことで、ほとんどなくなったという。それ以前に、養殖場の工員になることを選ぶ若い女性も増えた。志摩に生まれ、暮らす女性の就労機会として、海女以外の選択肢が生まれたのであり、それは次第に海女の数が減少する要因となっていく。

カメラを抱えた観光客に対して大島に渡ることを勧め、菓子や果物を土産に持参して海女船に頼めば喜んで同乗させてくれると記すなど、海女を目当ての観光がこの地にも及びつつあること、しかしそれは、まださほど弊害を伴っていない段階であったことも、知ることができる。

意外に乏しい民俗調査

こうしてみると、日本でも有数の民俗性豊かな志摩の地の、かつその象徴ともいえる海女に関する民俗調査が、高度経済成長期以前の段階では意外なほど少ないことに驚かされる。岩田準一や伊藤治は、地元ならではの利点を活かして調査したものであり、岩田はアチック・ミュージアムを通した交流も有していたものの、民俗学の専門的研究者という訳ではない。女性民俗学研究者として知られ、輪島の海女から調査活動を始められた瀬川清子が志摩に入ったのは幸運であったが、国崎村での数度の調査に止まるようである。何より、全国の漁村、特に離島をくまなく歩いた宮本常一《みやもとつねいち》の足跡が、志摩にはあまり残っていないのだ。もちろん氏が志摩に関心を持たなかった訳では決してない。写真家の中村由信が『日本の海女』を一九六二年に限定出版した際、宮本常一は「海人《あま》ものがたり」と題して一文を寄せ、志摩海女にも言及している。だが、氏が志摩の民俗に本格的に関わったのは最晩年のことで、昭和五五（一九八〇）年に開館した志摩民俗資料館の創立を請け負った時ではないだろうか。なお、同館は近鉄資本によって設立されたものだが、残念ながら平成一〇（一九九八）年に閉館となった。宮本が収集した資料が宙に浮き、一時は野ざらしにされるという事態が生じたものの、関係者の尽力により保全が図られ、現在は志摩市歴史民俗資料館に収蔵され、国の登録有形民俗文化財となっている。

4　新聞紙上で取り上げられた海女

これまでも近代の出稼ぎや観光海女について説明するなかで、三重の地方新聞『伊勢新聞』を再三用いてきた。同紙は明治一一（一八七八）年に津市で創刊され、自由民権派の知識人を中心に論陣が張られた、近代三重県を代表する新聞である。明治末年頃には年間四〇〇万部の発行部数を誇り、市井のでき事を含め県内各地の諸事件を伝えていることから、三重県域の近代史を調べる上での基礎資料の一つとなっている。

ここで、出稼ぎや観光海女以外の内容について、『伊勢新聞』に海女がどのように登場するのかを見てみよう。もちろん学術的、組織的な調査に基づく記事がある訳ではないし、当時の新聞の特徴として真偽のほどは定かではない記事も見られる。だが、三重県を中心とした読者たちに、海女に関するどのような情報が提供されていたのかを知ることができるし、また当時のこうした記事は読者の需要に応えることを意識したものであることに鑑み、民間には海女に対していかなる関心があったのかを推測することも可能であろう。

海女の呼称

まず最初に、海女の呼称について見てみたい。潜水漁を営む女性を指す言葉としては、歴史上は「蜑（女）」や「海士」「海人」が一般的である。だが「海士」は男女の区別がなく男の潜水漁業者を含み、一方で「海人」やひらがな表記の「あま」は、潜水とは無関係の女性漁業者や、漁業者一般を指すことも多い。万葉仮名《まんようがな》で書かれた文学作品を刊行する時、「あま」に「海女」の字が宛てられることが多く、混乱が生じることがあるのは先にも述べた通りである。

「海女」という表記は、基本的に前近代には見られない（断言する勇気は、まだないのだが……）。管見の限り活字上で「海女」の語は、明治二四（一八九一）年に刊行された『大日本産業事蹟』（東洋文庫）中の「本邦潜女（捕鮑）の由来」の記事に「海女人」の語が、また鮑貝のことを畿内《きない》では「海女貝といふ」との紹介があり、また明治二六年九月刊行の『北海道水産雑誌』のなかで「世之を海女と称す」との記述があるのが早い事例である。全国的には、明治二〇年代には「海女」の語が使われ始めていたようである。

だが、日本全体での言葉の初出を検証するのではなく、江戸時代まで用いられていた「蜑」や「海士」に代わり、「海女」の言葉がいつ、どのように使われ始め、一般化していったのかを考えたい。こうしたことの検討は、同じ情報媒体のなかでの変化を見ることが有効であろう。

『伊勢新聞』の記事においては、大正末年に至るまで、単に「蜑」、あるいは「蜑女」「蜑婦」とする表記が一般的である。ただし明治一〇年代は「海士」あるいは「海婦」「潜婦」などが用いられ、「蜑」の登場は明治二七年の利尻島への出稼ぎ記事で「蜑婦」とあるのが初出である。明治一七年の潜水器による鮑漁に関する記事で「海婦」に「あま」のルビが付されており、これらはいずれも「あま」と読んだのであろう。

『伊勢新聞』上で「海女」の語が初めて現れるのは、明治三五年九月二五日の朝鮮半島出稼ぎから悪疫《あくえき》流行を理由に引き揚げる旨を報じる記事であるが、そこには「かいじょ」とのルビが振られている。「あま」のルビが振られた「海女」は、明治三九年一月一八日の『志摩通信』で、荒布と鮑の大漁を伝える記事が初めてではないかと思われる。以後、「蜑」と併用されつつ、概ね昭和初年には「海女」の表記が一般的になっていった。

明治後期頃に「蜑女」から「海女」へ移行するのは、観光パンフレットや絵葉書などでも認められる。男女の区分に特に関心が払われなければ「海士」で十分であるし、漁業者として取り上げられる時には前代以来の「蜑女」が用いられたのであろう。だが、海女は次第に「見られる」対象として注目されるようになっていった。近代以降、観光客らの衆目を集める存在になるに連れ、分かりやすい漢字表現として「海女」の語が普及していったのではなかろうか。

海女漁業の報道

では、記事に即してみていこう。明治前期に海女が報道されるのは専ら漁業者としてであり、漁獲物の情報、とりわけ海藻に関する記事が多い。幕末以降、海女漁村における漁獲物のなかで海藻の比重が高まり、地域の経済はその豊凶に大きく左右された。明治一七（一八八四）年一月の「不景気」という記事によれば、先志摩半島の布施田、和具、越賀、御座の四か村は海藻の収穫量が多く、その利益で家の普請や畳替えがなされ、井戸を穿《うが》ち衣服を新調するなどの活況であるが、半島の付け根から東に続く片田、船越、波切、名田《なつた》は不漁で、「大困却」だと言う。暴風で天草が流され、浜に着いた側の村が大喜びということもあった。寒天に加工する海藻の需要が特に高く、天草以外にも寒天製造に向く新たな海藻が見出されることもあった。明治二六年九月には、御木本幸吉が「鳥羽町の水産家」として、それまで誰も着目しなかった海藻、「イギス」（伊規須）を盛んに売り出して収益を得ていると報道している。

明治三五年八月二九日の「沿海婦人の労力」という記事によれば、先志摩半島で荒布の株取りが盛んに行われており、この四、五日で片田村一三万貫、御座村の一二万貫を始め、先志摩全体で合計六七万貫にも上るという。一〇〇貫目に対する下値相場三〇円でも二〇万円の多額になると見積もっている。現在の貨幣相場に直せば二〇億円にもなろうか。収量も、わずか数日で二五〇〇tという量であり、驚くべき数字である。総じて、幕末から近代前期の海藻取り引きの規模は信じがたいほどに大きく、その流通と消費のあり方は別途検討を要する課題なのだが、この時期の荒布需要は必ずしも食用ではなく、燃やして沃度《ヨード》にして爆薬製造に利用されていた。荒布は、同様に用いられた搗布《かじめ》とともに、軍事産業の振興につれて盛んに流通するようになったのである。

これほどまでに海藻が儲かると、その資源確保への関心も高まる。特に海藻が枯渇する「磯焼け」は、鮑資源にも影響するため、志摩漁村にとって深刻な課題であった。明治二一年六月二八日には、伊豆での海藻増加という現象と対比して、志摩の磯焼けは潮流の変化か海底の滋養分の欠乏が要因であろうか、と報じている。同時に、天草は岩石に蕃植《はんしょく》するため移植は容易であるとする水産学会委員山本由方の報告を紹介してもいる。その三年後の明治二四年七月には、近年の天草不漁の要因を、悪水《あくすい》潮流説、周期説、萌芽を食い荒らす小虫の存在説に分けて報じている。その後明治末年にかけて、状況はやや改善したらしい。明治四四年七月一二日の記事では、上流域の山林を乱伐したために多量の淡水が海に流入し、それが磯焼けの原因とみて植林を行った結果、次第に沿岸一帯に海藻の繁茂を見た、と報じている。

魚の群れは海岸近くの森林に寄るという伝承があり、「魚付き林《うおつりん》」と呼ばれ、古くから海岸近くや小島などの森を漁業者が守ってきたことが知られている。山が荒れると海の資源も駄目になるという認識は、その根拠ははっきりせずとも、広く共有されていたのであろう。山の乱伐と海藻との事実関係は不明だが、漁民たちの意識の表れとして興味深い。

事件と奇談

海藻や鮑を求めての出稼ぎに関する記事も多い。だが、それに伴う事故もあった。熊野灘の北輪内村盛松浦《さがりまつうら》（現尾鷲《おわせ》市）は、天草の繁殖が多いものの地元に海女が不在のため、磯売りに基づき例年先志摩の御座村から海女を雇い入れていた。ところが明治二五（一八九二）年八月に、一人の海女が深さ三、四間のところに沈み、海底の岩に抱き付いたまま溺死してしまう。前年、そして七、八年前にも同様の事故があり、また無風であっても突然船が転覆するなどしたため、出稼ぎに来ていた海女たちは「不詳の漁場」と言って契約の約束を断り、志摩へ帰ってしまった。

これ以外にも海女の溺死記事はある。大正元（一九一二）年八月には、志摩ではなく度会郡贄浦《にえうら》にいた大野まつのという三〇歳の海女が、波にさらわれて岩石で負傷した上、「喰切り虎尾魚《うつぼ》」に襲われて海底深く沈み、溺死してしまったという。

海外の海女の災害も取り上げている。大正三年に済州《チェジュ》島の海女一三〇名が、蔚山《ウルサン》湾へ海藻採取に出船したところ、巨文《コムン》島付近で暴風に遭い転覆し、乗組員全員が行方不明となり、後の捜索で九〇名の死体が発見された。確かに大惨事ではあるのだが、海外の事故を三重の地方新聞で取り上げているのは、やはり海女の問題であること、朝鮮海への出漁が盛んに行われていたからであろう。一方、溺れた子供を海女が救助したり、船が沈没した際に死体の引き揚げに活躍したりした様子も報道されている。

海女に関する変わった話もある。布施田《ふせだ》村の濱口安之助の長女こまさ二五歳は、毎日十五、六貫から二〇貫もの鮑を採るほどの手練《てだ》れ海女で「オカズキ」と賞賛されているが、性格も剛胆で、海女の間でも楯突く者がいない。明治三七年四月のこと、こまさが村の前浜で若布を採っていた時、海底を泳ぐ「栄螺嚙」という一〇貫余りの大鮫《おおざめ》を発見した。こまさはその尻尾を摑み海面まで引き揚げたので、船主一同が舌を巻いたという。結局、四人掛かりで船へ引き入れ、隣家・親戚へ分け与えた。

明治四五年四月のこと、安乗《あのり》村の村山忠五郎娘すまという海女が、漁場で三寸に満たない鮑を採ってしまい、規定上売り物にならないため自家食用に持ち帰った。ところがそのなかから、真珠に勝る光沢を持つ「金色の珍珠」が出現する。鮑のなかにも稀に宝珠が含まれることは、古くから知られていた。よほど見事な珠だったらしく、噂を聞き付けた銀座《ぎんざ》四丁目の御木本真珠店が二〇〇円の値を付けて買い取りを申し込むが、すまは家宝として子孫に伝えると答え、手放さなかったという。

海女の特集コラム

さて、個別の事件や漁況についての記事ではなく、海女の習俗についての特集コラムが、明治末年頃から何度か連載されるようになる。明治四二（一九〇九）年二月二四日から二七日にかけて四回にわたり連載された「志摩の奇習娘の鮑捕」（二回目以降はなぜか「伊勢の奇習」にタイトルが変わっているのだが）を皮切りに、翌明治四三年一一月一四日から一六日まで三回連載の「志摩の高齢者　研究すべき蜑」、大正二（一九一三）年四月一四日から一七日にかけて三回連載の「海の女」などである。大正二年一二月前後に三〇回以上の連載となった「志摩巡礼」でも、海女について何度か言及されている。これらの連載は共通する内容、表現を含んでおり、あるいは同じ記者による記事かもしれない。その内容は主に、三章「海女の出稼ぎ」の最後で言及したような、志摩では女が男を養う、女児が生まれると喜び、男児だと落胆する、外から女児を養女に取り海女に仕立てる、などの「漁業バブル」時代の話である。

海女がこの時期に特集で報じられるようになったのは、『伊勢新聞』が次第に一部当たりの紙数を増し、紙面の充実が図られたこともあるのだが、朝鮮への漁業進出による海女漁業の活況と、それに伴い独特の習俗や労働が世間の注目を集め出したことに因っているであろう。

六　海女文化の現代

1　文化財指定に向けた活動

海女を世界の無形文化遺産に―尾鷲の一夜―

二〇〇七年一一月二三日、私は尾鷲《おわせ》市のとある居酒屋で、海の博物館の石原義剛館長と一献傾けていた。熊野古道《くまのこどう》が「紀伊半島の霊場と参詣道《さんけいみち》」の一部として世界遺産に登録され、それを記念した三重県立熊野古道センターが建設されたが、当時、石原館長とそれに関わる仕事をご一緒していた。その数年前には、私が属する三重大学と海の博物館とで共同の地域調査を尾鷲市須賀利町《すがりちょう》で実施するなど、大学・博物館連携を進めてもいた。少しお酒が入った頃、館長はおもむろに「海女を世界の無形文化遺産に登録したいと思うんだ。三重大学として協力しないか」と口火を切られた。

虚を衝かれた思いであった。無形文化財というのは、普通は能楽《のうがく》とか人形浄瑠璃《じょうるり》、歌舞伎《かぶき》等の伝統芸能や、陶芸、彫金《ちょうきん》などの工芸技術を思い浮かべる。それらの技能を継承する特に優れた者は、「人間国宝」と称される。近い領域に祭礼行事などを対象とする民俗文化財があるが、いずれも非日常の、特別なものである。だが海女漁というのは、漁村における名もなき庶民女性による、日々のなりわいである。それを文化財としてとらえる発想に、驚いてしまった。

その時、頭に思い浮かべたのは、柳宗悦《やなぎむねよし》が唱えた「民芸」という考え方である。朝鮮半島の地方窯《かま》で量産されていた茶碗《ちゃわん》が日本にもたらされ、茶の湯の道具として高く評価されたように、芸術家ではなく無名の職人が手作りで生み出す日々の生活道具にこそ、真の美が見出せるという主張である。海女漁というものも、なりわい版の「民芸」なのかもしれない。

文化財の評価は、つまるところ地域にとっての「かけがえのなさ」である。そしてその「かけがえのなさ」は、言うなれば「作り出す」こともできる。今まで誰も顧みなかったものに新しい光を当てることで、自分たちの貴重な資産だとの共通認識が育てば、それは立派な文化財となるのだ。文化財保全運動、地域文化活動としても、これまでとは違う形の取り組みを繰り広げられるのではないだろうか。わくわくする思いで、「是非、やりましょう」とお答えし、今後の夢を語りつつ盃を重ねた。

韓日海女学術会議

実はユネスコの無形文化遺産への登録運動自体は、韓国の済州《チェジュ》大学関係者から石原館長に打診された話であった。韓国では済州島の観光振興という課題を掲げ、全島を世界遺産（自然遺産）にするなどの活動を熱心に行っていた。海女については、日本と韓国にしかない生業であるし、対ユネスコ戦略として二国共同での申請が有効だという判断もあったであろう。

韓国側は政府、済州道の行政を挙げての運動を繰り広げていたが、日本側は海の博物館・石原館長を窓口とする、民間としての取り組みであった。二〇〇八年六月、私たちは済州学会と済州島にある海女博物館が主催する韓日海女学術会議に招かれ、石原館長を団長とし、鳥羽《とば》の海女二名と共に済州島を訪れた。初日の歓迎会は済州道知事列席での熱烈なものであったし、総じて滞在中の丁重にして豪勢な接待には驚かされた。

学術会議で私は、両国の海女が交流した歴史実態を明らかにすること、日本各地の海女との連携を図ること、ユネスコの無形文化遺産登録と共に、環境保全や資源管理など目指す目標を明確にすることなどを、今後の課題として発言した。両国の研究者たちは、共通の目標を持って和気藹々《わきあいあい》とした雰囲気で談論したのだが、一度だけ会場に緊張が走り、強く印象に残った「事件」がある。韓国側の女性研究者が、ジェンダー論の観点から海女漁を論じ、男が女性に厳しく危険な労働を強いる残酷な生業であり、海女は可哀想な存在だ、といった報告をした。同時通訳で聞いていた鳥羽の海女の一人が決然と発言を求め、「私たちは自分の意志で海に潜り、誇りを持って海女漁を営んでいる。哀れみで見られるのは心外だ」、などと毅然とした態度で述べた。日韓双方の海女たちから拍手喝采が起こったように記憶している。その時以来、私は海女さんというのは自分の意志をはっきりと、明確に表現する能力が高いという印象を持っている。

滞在中に海女博物館を訪れ、石原館長から鳥羽・志摩の海女道具を寄贈する儀式を行った。実は海の博物館からの資料寄贈は、博物館創設間もない頃以来の二回目であるという。また石原館長の御尊父で志摩水産界の大立者、海の博物館を創立した石原円吉は、明治末年頃に済州島に搗布《かじめ》を原料とする沃度《ヨード》加工工場を造り、未利用の資源が海女の新たな漁獲物となって感謝されたという歴史があった。石原家二代にわたり、済州島と御縁があったのである。

海女道具の贈呈式には両国の海女さんらも立ち会ったのだが、道具を前にして身振り手振りで盛んにコミュニケーションをとっていたのが印象的であった。国は違えども、言語は通じなくとも、同じ営みをしている者同士で理解し合えるものなのである。

色々な意味で胸が熱くなる思いを積み重ねた、三日間の滞在であった。私たちの間でも、海女文化を振興させる気運が高まっていった。

海女サミット

二〇〇九年一〇月三日、海の博物館・鳥羽市・三重大学が共催する「日本列島海女さん大集合（海女フォーラム）」を、海の博物館を会場として開催した。当初はこのような名称で行ったのだが、以後回を重ねるうちに「海女サミット」が公式なものとなった。志摩市や鳥羽磯部漁協、志摩の国漁協（当時）、鳥羽市商工会議所、志摩市商工会、鳥羽市・志摩市の観光協会の後援も得た。

初日はまず三重大学が研究報告会を担当した。三重大学としては地域と連携した市民向け講座である「文化フォーラム」という企画の一環であり、「志摩の海女文化を探る」を共通テーマに三つの講演を用意した。私もその一つを担当し、設立間もない海女研究会の活動を紹介しつつ、主に近代の海女の出稼ぎについて報告した。翌年、翌々年にも「資源管理」「観光資源」などをテーマに、三重大の教員が研究報告を行っている。

初年度にはこれに加えて、記念講演として海女研究の先達《せんだつ》たる田辺悟先生、それに韓国海女の日本出稼ぎについて研究をまとめられた李善愛《イソンエ》先生にも講演頂いた。海の博物館の特別展示室で実施したが、会場にあふれるほどの二一七名もの参加者を集め、大盛況であった。会場に入れず、諦めて帰られた方もあったと後で聞いて、大変申し訳なく思った。参加者には、鳥羽市・志摩市の海女三八名、そして全国各地および韓国済州島の海女が計二四名が含まれる。

それまでほとんど接点のない全国各地の漁村に、海女とその関係者の参加を呼び掛け、集まって貰うのは大変なことであった。もちろん漁協や行政の伝手を辿って、主に石原館長のご尽力によってなされたことである。とにかくあちこちから海女をたくさん集めて交流させたいとの思いが強かった石原館長と、研究報告を意識した私たち三重大学側とでは、いささか思惑の違いがあった。企画者側内部でも立場により目指すものが異なり、さまざまな地域・組織の人が集まる企画を準備するのは容易なことではなく、直前ひと月ほどは大混乱であったと記憶している。今では笑い話で懐かしい思い出だが、この時事務局を共にした方々とは、ほとんど同志的な感情を持ち続けている。

翌年には志摩市が事務局を務め、以後は鳥羽市と事務局・開催地を交替で開催する体制が固まった。二〇一二年だけは東京で「多くのひとに〈海女文化〉を伝えるためのフォーラム」という企画を行ったため開催しなかったが、その翌二〇一三年には三重県を離れ石川県輪島《わじま》で海女サミットを再開し、以後現在まで九回を数えている。

基本的には一日目に講演会、二日目は海女さんたちが参加してのシンポジウムという大枠で行ってきた。全国各地から集まる海女さんたちの一番の楽しみは、初日夜の懇親会、とりわけ二次会かもしれない。歌や踊りなど芸達者の方が多く、毎度の盛り上がりである。

実は私は、石原館長がこだわった海女を大勢集めること自体にあまり賛同できず、その意味にいささか懐疑的であった。だが、基本的には個人営業者として働いている海女にとって、なりわいを共にする仲間たちとのつながりは、思いのほか大きな意味があった。全国各地の海女漁村との関係はもちろん、鳥羽・志摩内部においても、地理的条件により村同士の行き来は昔から活発とは言えない。道具や装備、それらの呼称などが、鳥羽・志摩内でも村が違えばそれぞれ違うのもそのためである。村を越えた海女同士のつながりが、この海女サミットによって初めて築かれていったのだ。それはいまだ主に親睦のレベルに止まっているかもしれないが、道具の改良についての知識や利用できる行政制度などの情報交換は、既に行われ始めている。

そして、この海女サミットの一番の意義は、ユネスコの無形文化遺産登録を目標として掲げ、海女文化の素晴らしさを講演や研究報告、シンポジウムで発信することにより、当の海女さんたちが、自分たちのなりわいに誇りと自信を持つようになったことであると思う。海女さん自身から聞いた話だが、ひと昔前までは海女というのはいわゆる三K、つまり汚く、危険で、きつい仕事であり、そのような仕事を恥じる風潮もあったという。海女を調査し、写真を撮っていた人が、海女に「見世もんじゃねえ」と潮水を浴びせ掛けられたなどという話も聞く。これも、そうした意識の表れであろう。

だが、この間の取り組みにより、鳥羽・志摩のみならず全国の海女さんたちが、自らを海女であると誇り高く名乗るようになった。海中で優れた技能を育てながら、屈辱の思いを抱いていた先輩海女たちの無念を晴らすだけではなく、これから育っていく海女たちのために、海女漁を、海女文化を未来に残すために、とても意義深いことであった。

海女振興協議会と海女保存会

第一回の海女サミット（日本列島海女さん大集合）開催時から、海の博物館と三重大学、鳥羽市、志摩市と両市域の関係者の協力を得ていたが、財源も組織の面でも不安定で、その時々の対応を迫られていた。何より主役たる海女さん自身の組織化が課題でもあった。三重県では、鳥羽・志摩の海女を文化財指定する前提作業として、文化庁の補助を受けた海女習俗の基礎調査を二〇一〇年度から二か年実施し、それに続いてさらに二か年の詳細調査を行うことになっていた。

そうした時期に、海女振興協議会という組織を設立し、制度的に海女と海女漁を守り、発展させる課題に取り組むことになった。二〇一二年一一月のことである。鳥羽市、志摩市、三重県に基礎的な経費を支出して貰い、それぞれの水産、観光、文化の各部局、漁業協同組合、両市の商工会議所（商工会）、観光協会、そして海女をメンバーとして構成された。当然のことながら海の博物館の石原館長が会長に就き、私は主に文化面からの海女の振興を担当し、会長を補佐する立場となった。会の内部に「里海を創る海女の会」を設け、ここには海女さんたちのみが属し、会長・副会長も置いた。個別の浦村を越えた海女自身の組織が、初めてできたのである。以後、この海女振興協議会を主催団体として海女サミットを開催・運営し、また毎年の例会においては、情報交換を図りつつ、海女さんたちに役に立つ講演を企画していった。

今でこそある程度の意思の疎通が図れているものの、発足当初は各委員の所属する組織の思惑がぶつかり合う場面もあった。同じ行政関係者でも水産分野の人や漁協の幹部らは、海女を観光に利用することに激しく反発した。一方で、財政面では観光振興を目的とした予算に依存する部分もある。罵り合いに近い雰囲気になり、はらはらしたこともあった。

海女技術の文化財指定

海女振興協議会発足から一年少し経った二〇一四年一月に、三重県は「鳥羽・志摩の海女による伝統的素潜り漁技術」を無形民俗文化財に指定した。海女が文化財として評価された最初であり、ユネスコの無形文化遺産の登録に向けた確かな一歩として、喜んだ。ただし、多少の不満もある。それは、「海女文化」ではなく海女漁の「技術」に限定された名称を取った点である。私は文化財指定を前提とした習俗調査に参加するなかで、文化庁の考えや判断などにも接してきた。伝統的な海女漁が、特に信仰や習俗の点で昔とは大きく変容していることが、「海女文化」を評価する際の障害になっているとも聞いた。しかしながら、伝統芸能や祭礼行事、工芸品などとは違い、海女漁は生きた「なりわい」なのである。敢えていえば、漁に出る時の習俗などは些末《さまつ》なもので、本質ではない。

文化庁の意向ではないが、取り組みの当初には、海女のウエットスーツが民俗文化財として評価する上で問題とされたことがあった。全くナンセンスだと思う。五〇年以上前のウエットスーツ導入以前の衣装として、イベントなどでお馴染みの白の磯着は、歴史的には決して古いものではない。しかもそれは、就労の便宜のために用いられたものでもなかった。前近代の半裸体の姿に戻さないと文化財として評価しないのか、と憤った。文化財の評価は時代と共に変わり、その枠組みや基準も変容する。現在の規定を杓子定規に適用するのではなく、より柔軟な解釈が、幅広い文化財を守り、発展させることにつながるはずである。

さて、無形文化財の指定には、その技術を持つ個人や団体を特定し、「保持者」として認定することが求められるため、「海女保存会」という組織が作られることになった。「組織ばっかり色々あって、何が何だか分からん」とのぼやきも聞きながら、前述の「里海を創る海女の会」と合わせ、海女さんたち自身が主体となる二つ目の組織が作られた。毎年役員を交代しながら、海女同士の交流も深まっていると思う。

三重県の指定の五か月後、石川県でも「輪島の海女による伝統的素潜り漁技術」を県の民俗文化財として指定した。三重県の文化財指定に合わせ、両県に岩手、宮城、福井、静岡、鳥取、徳島の八県（後に山口県が加わり九県となる）の知事により「全国海女文化保存・振興会議」が設立されたのだが、今後、未加入の千葉県や福岡県、長崎県、大分県などを含め、動きが広がることを期待したい。

二〇一七年三月に、鳥羽・志摩の海女は、国の重要無形民俗文化財に格上げとなった。三重県指定の延長上であったために、引き続き「海女漁技術」が対象ではあるが、指定に際しての「解説文」では古代以来の歴史を記し、海女小屋での海女同士のコミュニケーション、乱獲防止、資源確保のための規則、出漁時の習俗や魔除けの「セーマン・ドーマン」の印に言及するなど、多分に文化的側面を強調している点が嬉しいことであった。

同時期に鳥羽・志摩の海女漁業は、同じ海域で発達してきた真珠養殖業とセットとなって、「鳥羽・志摩の海女漁業と真珠養殖業—持続的漁業を実現する里海システム—」として日本農業遺産にも選ばれた。「農業」という枠組みには若干の抵抗を覚えるものの、第一次産業の振興を目指す私たちにとっては歓迎すべき評価である。なお、日本全体で八つが農業遺産に認定されたのだが、尾鷲地域のヒノキ林業も選ばれた。三重県で二つが認定され、しかもその二つともが純粋な農業ではない点に、豊かな自然に囲まれて多様な第一次産業が発達した三重県の特質が表れている。

海女研究会

尾鷲での石原館長との相談後、おそらく全国で唯一の、海女をテーマとする学際的な研究会が開設されることになった。三重大学では博物館との連携を一つの課題とし、特に三重県立博物館と海の博物館との連携を試みていた。三重県立博物館は、当時はまだ津駅前にほんの小さな建物しか持たず、新しい施設の建設が二〇年来の課題であった。一方海の博物館は、民間財団によって運営され、県内外の博物館文化に多大な寄与をしてきたが、財政難による経営危機が続いていた。新しい県立博物館の建設運動を推進し、海の博物館と手を携えて活動を活発化させ、博物館を通した地域文化活動の展開を期して、三重大学博学連携推進室という組織が、二〇〇七年度末にひっそりと誕生した。当初は担当理事の下、附属図書館研究開発室に所属し大学の地域連携業務を担ってきた菅原洋一先生と私との二人で発足した。

大学を基点としつつも、博物館や行政関係者を含めて幅広い人びとが参加できる研究会の開催を期し、菅原先生と私が呼び掛け人となって、「海女研究会」が発足することとなった。私のメモでは、二〇〇八年の三月八日に三重県立博物館で『三重県水産図解』の調査がてら、記念すべき第一回の研究会が行われている。以後、原則として二か月に一度、県立博物館レクチャールームを会場に、新県博への移行に伴い二〇一四年以降は津駅近くの会議室を使用して、ちょうど一〇年間で五二回の研究会を開催した。午後三時半から始めて夕方まで報告・討論を行い、その後は近くの居酒屋に移動しての第二部となる。第二部に入ってからの方が熱の籠もった議論となることもあるし、そこでの情報交換や雑学・耳学問、それらを通したネットワークは、私たちにとって貴重な財産となった。

一回で複数の報告者を立てることが多いため、全部で約一〇〇の報告があり、一度でも報告を担当したことのある参加者は四六名に及ぶ。その内訳は、大学関係者二三名（＋学生四名）、行政職九名、博物館関係者四名、民間六名であり、分野としては水産一一名、歴史学七名、文学・芸能研究四名、民俗・社会調査等の領域で一八名、文化財・行政が四名、教育学一名、地理学一名となる。立場も分野も多様で幅広く、緩やかなまとまりの研究会であった。規定も特につくらず、会の運営は第二部（飲み会）の余剰金で賄い、会計報告もしない、というのを「原則」とした。メンバーは三重県在住の方が大半だが、成城大学の小島孝夫先生はこの研究会の雰囲気を好んで下さり、三重へご出張の機会などに三回の報告を行って下さったし、韓国から調査に訪れ滞在中の劉亨淑《ユウヒョンスク》、安美貞《アンミジョン》の両先生にお話頂いたこともあった。

学問の細分化が進むなか、学際研究の必要がしばしば唱えられる。象牙《ぞうげ》の塔《とう》に閉じこもるのではなく、大学以外の研究者と交流することも、重視される。だがそうした試みは、掛け声は起こってもなかなか容易に行えることではない。しかし、海女研究会はまさに学際的に、さまざまな分野の人たちが集って開催された。もちろん報告のレベルはさまざまだし、専門に特化した研究会・学会に比べ、質疑応答も基本的な確認に終始してしまうこともあった。だが、そうした弱点を越える魅力が、分野も立場も異なる人たちが同じ土俵に集うことによって醸成された。「海女」という存在が、多様なアプローチが可能な、魅力溢れる研究対象であるからこそ、できたことだろう。これは同時に、多くの分野の関与がなければ、海女文化と海女漁の維持・発展の見通しが立てられないということでもあるのだが、いずれにしてもこの会がなければおよそ得られなかったさまざまな知見や情報に接し、海女研究の進展の上でも大きな意義を持った。

海女研究センター

一〇年の活動を続けた海女研究会であるが、会場の問題もあり、二〇一八年三月を期に活動にひとまずの区切りを付けた。当初は三年程度の予定であったのだから、よく続いたものである。だが、海女を学際的に研究する必要性はむしろ高まっている。海女研究会を発展的に解消し、次の段階に進むことにしたのである。

三重大学では「サテライト事業」として、キャンパスを出て県内の四か所に地域拠点を設け、研究・教育・社会貢献を行う方針を掲げている。伊勢志摩エリアのサテライト事業として、二〇一八年三月に海の博物館内の一室をお借りして「海女研究センター」が設立された。ここでは海女をキーワードにしつつ、海女漁を始めとする漁業や第一次産業、また海女漁村を含む地域社会の諸問題に取り組むことを、活動目標に掲げた。鳥羽市と志摩市の二市にしかいない海女が、近代以降には「伊勢志摩」全体の地域シンボルとなったことも意識している。組織の充実やネットワークの構築はこれからの課題だが、ここを拠点に各方面と連携しつつ、海女と海女に関わる地域の振興を図っていくことを期している。

2　日韓文化交流

日韓海女同士のコミュニケーション

ユネスコの無形文化遺産登録を目指す運動自体が韓国からの働き掛けが契機となったものであり、前述のように済州島での海女学術会議へ招待されてのシンポジウム出席など、意識的に交流を進めていた。済州島の海女祭りにも何度か参加させて頂いたし、海女サミットには毎回韓国の海女さんたちを招待し、国を越えた海女同士の交流を図ってきている。

二〇一五年一一月に鳥羽で開催した第六回海女サミットの時、日韓双方の海女さんに登壇して貰い、海女を通した国際交流についてのシンポジウムを行った。韓国の東義《トンイ》大学の劉亨淑先生に通訳をお願いしつつ、私が司会を担当したのだが、途中、壇上で隣り合った日本と韓国の海女さん同士が、こちらの進行をよそに、二人で熱心に会話に入り込んでしまった。もちろん日本の海女さんはハングルを、韓国の海女さんは日本語を、全く解さない。だが、身振り手振りで、ごく自然に話が成り立っているようなのである。呆気にとられてしまったのだが、同じなりわいを営む者同士ゆえのコミュニケーションだったのであろう。

海女文化を通した日韓の大学生交流

この年には、海女文化を通した若者の日韓交流という、少し大きな事業を行った。日韓文化交流基金の援助を受け、在済州日本総領事館の支援も頂き、日韓の大学生それぞれ三〇名ほどが相互訪問をしたのである。まず七月には韓国の済州大学、釜山《プサン》にある韓国海洋大学と東義大学の学生たちを鳥羽・志摩に迎え、鳥羽市の離島の答志島《とうしじま》と菅島《すがしま》、そして志摩市の先志摩《さきしま》半島で、海女さんたちと触れ合いながら日本人学生たちと交流した。夜の宴会は、双方の学生たちにより、さながら歌と踊りの対抗戦のようであった。韓国の学生たちが、日本の歌をよく知っていることも驚きであった。

菅島の公民館の広い一室で、用意された弁当で昼食を済ませた時のことである。食事が早く済み、次の予定まで時間が余っていたが、引率の私たちは特に指示することもなく、成り行きに任せていた。いつの間にか会場に二つ、三つ、日韓混合の学生たちの輪ができ、ゲームが始まり、楽しい悲鳴と歓声がこだましたのである。この時に限らず、若者たちの交流は、放っておいてもこちらの期待以上に進んだ。日本の学生にも多少はハングルをかじった者もいたが、韓国の学生は少なからず日本語を学んでおり、片言の英語も交えて、最後はボディーランゲージで、充分過ぎるくらい会話ができていた。

韓国海女漁村訪問

九月には逆に日本から、済州島と釜山を七日間にわたり訪問した。三重大学の一、二年生向けの教養教育で二〇一二年から開講している「日本の海女文化」の受講生と、文化交流に関心を持つ人文学部の学生から希望者を募り、加えて鳥羽市相差町で「三世代海女」としての活躍で知られる中川静香さん、地域おこし協力隊として鳥羽市石鏡《いじか》町で海女修業中だった大野愛子さん、上田桃子さんも、若手海女代表で加わった。私は団長という立場で渡韓したため、気遣いの七日間ではあった。

済州大学では盛大な歓迎を受け、参加者たち立ち会いの下、三重大学との間で両学長（総長）により交流協定が結ばれた。在済州日本総領事館の寺澤元一総領事にも列席頂いた。済州島でも釜山でも、訪ねた海女漁村では日本からの若い海女と学生を歓待して下さり、親しく話を聞かせて頂いた。両国間の、また済州島と釜山との、海女の置かれた環境の違いと共通性を認識した。

韓国第二の都市釜山市は、日本の小さな地方都市にある三重大学の学生たちにとっては戸惑いを覚えるほどの大都会である。繁華街のホテルに宿を取り、夜は自由時間とした。予想（期待）通り、三重大の学生たちは韓国の学生たちに誘われ、あるいは誘い、一緒に夜の町を楽しんだ様子であった。最終日には従業員の目を盗み、韓国の学生が日本の学生数人と一緒にホテルの一室で夜を徹して話し込んでいたそうである。

事業終了後に、日韓文化交流基金への報告書作成のために参加者に感想文を書いて貰ったのだが、内容はほぼ期待通りであった。参加前に持っていた韓国に対する偏見・先入観がなくなり、韓国の学生と楽しい時間を過ごしたことを喜ぶものが大半であった。

実は、この事業の参加学生を募るのが一苦労だったのである。渡航費・滞在費とも日韓文化交流基金から全額出して貰えるのだから、希望者が殺到するかと思いきや、予想外に申し込みの出足が悪く、興味を持っても参加を躊躇する者が多かったのである。折悪しく北朝鮮によるミサイル発射という事件もあったのだが、日韓関係がこじれるなか、「怖い国」に行きたくないとの感覚が強かったようだ。日本人の韓国に対するイメージはここまで悪いのか、と改めて思い知らされた。本人は望んでも、韓国嫌いの親に反対されて断念した学生もいた。

私たちは、政治的な立場とは無関係に、両国の海女同士が、そして海女に関わる、あるいは接する人たち同士が、文化的な交流を図れるならば素晴らしいと考えての活動であった。だが、韓国を利する活動として非国民呼ばわりするネット上での批判も知り、うんざりもした。部屋に閉じ籠もってパソコン相手の日々を送る若者であろうか、攻撃する対象を何か見付けないと気が済まない、貧しく悲しい精神である。そうした人間にこそ、日光の降り注ぐ大海原で漁を営む海女さんの健全さに触れて欲しいものである。

この事業に参加した学生たちは、生身の人間同士の交流に携われば、馬鹿げた偏見などあっという間に解消することを実感しただろう。そして大事なことは、海女文化というテーマを掲げたがゆえの、交流の深まりという点である。一般論で異国間の友好・交流を図るといっても、そう簡単なことではない。鳥羽・志摩という日本の海女どころに近い三重大学と、韓国の海女文化の発祥地にある済州大学、そこから伝来して現在は海女漁が盛んな釜山市にある韓国海洋大学と東義大学、いずれの学生も必ずしも海女文化に関わってきた訳ではない。それぞれ身近な生業文化を再認識し、それを通して異文化相互理解を図る機会になった。だからこそ、非常に密な交流が実ったのだと考えたい。

立ち込める暗雲

だが、韓国と日本と一緒にユネスコの文化遺産登録を目指す運動には、次第に暗雲が立ちこめてくる。

二〇一三年に就任した朴槿恵《パククネ》大統領は、もともとは親日的な政治家であったものの、次第に日本への対抗姿勢を強めていった。その影響か、日韓共同の海女事業にも徐々に隙間風が吹くようになってしまった。済州道の議員が密かに三重を視察した際、日本が韓国を出し抜いて単独でユネスコ文化遺産申請を目指しているかのように受け止め、帰国後に対抗措置を加速させてしまうという行き違いもあった。当初は友好的に情報交換をしていた済州大学の研究者からの連絡も、途絶えてしまった。政府の方針に従わざるを得なかったためとはいえ、結果的に私たちを裏切る結果になっただけに、不要な気遣いをされたのであろうか。

結局韓国は、済州島の海女を単独でユネスコの無形文化遺産に申請し、二〇一七年に登録されることになった。日本と韓国とでは、文化財行政、文化財の指定の手続きが大きく異なる。市町村から県、国へと段階を踏み、専門家の調査や審議を経て慎重に進める日本に比し、韓国では政治主導で一気に動く。また世界レベルでの文化財の評価は、有形・無形を問わず、文化財自体の価値とは別に行われてしまっている部分もある。ある程度、やむを得ないことではあるのだが。

最後まで一緒にできなかったこと、その経緯は残念に思うが、文化財評価は競争ではない。日本と韓国にしかない海女文化の一方が世界の文化財として評価されたことを、海女の価値を認識する立場から素直に喜びたいと思う。順番は後になっても、日本がこれに続けば良いだけだ。

そう遠くないうちに、私たちと済州島関係者との学術交流も復活することだろう。海女サミットには、ここ数年は済州島に代わって釜山周辺で漁を営む方々に来て頂いている。私は、これが問題を解決させるひとつの糸口ではないかとも考えている。日本と韓国という国家間の枠組みではなく、鳥羽市・志摩市と済州道、釜山市との、地域間の交流を発展させていくのだ。鳥羽・志摩に続いて国の重要民俗文化財に指定された石川県輪島市や、それに続くであろう日本各地の海女集落も、是非加わって頂きたい。そもそも漁民たちの出漁は、近代以降の侵略政策に基づくものを除き、国策とは無関係に発達してきた。海女サミットという試み自体、行政が前面には出ない、民間主導で行ってきたものである。国家間の政治的な思惑に左右されずに、民間で、海女さんたち同士の交流を基盤に取り組んでいった方が健全であり、そして有効ではなかろうか。

3　海女の後継者問題

海女人数減少の要因

この一〇年ほど海女文化振興の事業が進められ、その意義や魅力も広く知られつつある。マスコミにも好意的に取り上げられ、世間の海女を見る眼も格段に高まった。もはや、ひと昔前のように、自分を卑下する海女はいなくなったであろう。

だが、この間にも海女の数は減少し続けており、高齢化も進み、海女文化の存続を危ぶむ声も聞く。その原因は多様かつ複雑であり、対策を講じるのは簡単ではない。海女漁が成り立つための漁獲・収益の向上に向けた取り組みは必須で、鮑資源の増加の試みは行政や漁協を中心に進められているし、乱獲、密漁対策の必要も意識されている。海女の収入を下支えするには、後述する「海女もん」を始め、加工・販売を加えたさらなる戦略が必要だ。海女漁以外の就業機会の確保も課題である。漁村には専業として働く「職業」は乏しいが、「仕事」は豊富にあるといわれる。それらを、海女漁を営む女性向けに、有効に組み合わせることであろう。

海女の高齢化、減少の直接的要因は、地元での後継者難であり、若い女性の新規の海女就業が極めて少ないことにある。

漁村の高学歴化

海女さんたち自身が、自分たちの娘を海女にしようとはしない。その理由はさまざまであろうが、鳥羽・志摩の漁村の女子たちの多くは、高校進学を機に地元を離れ、そのまま戻ってこない。前近代のように、海女漁村に生まれ、他に仕事がないために海女になったという時代ではないのである。高学歴化により漁業の跡継ぎが減っていくのは、他の地域でもよく聞く話である。

田舎で生まれた若者たちがいったん都会へ出るのは、決して悪いことではないと思う。不要な劣等感から解放されるし、離れて暮らすことで地元の魅力を再認識することもできよう。そして、その後の人生の選択肢を増やしていけば良い。都会暮らしが合わないと感じたら、あるいは都会での仕事を終えて故郷に戻る状況になったら、海女をすることを考えれば良いのだ。実際に、若い頃の都会暮らしというインターバルを経て、海女に復帰した人は珍しくない。海女漁は、鳥羽・志摩の漁村に生きる女性たちが、ライフサイクルのなかでの必要と、その体力・技能に応じて、営むことができる仕事であって欲しい。

女子児童の海へ潜る機会

その場合の課題は、二つある。ひとつには、今の漁村が幼少時に海と戯れ、自然に潜るような環境ではなくなってしまったことだ。ある海女サミットの時に、シンポジウム形式のイベントで、一〇人ほどの鳥羽・志摩の女子小学生を相手に海で潜った経験を尋ねたところ、誰も手を挙げなかったという衝撃的な結果を目にした。海岸線が護岸工事によりコンクリートで覆われ、また海に面した地域ですら小中学校にプールが整備されたことで、海で気軽に泳ぐ機会が失われていったのである。これでは歳を重ねて故郷に戻ってきたとしても、海女漁を始めるのは簡単ではない。

図22　菅島のしろんご祭でのちびっ子海女。2008年撮影。

鳥羽の離島菅島では、毎年六月にしろんご祭りという海女漁の口《くち》開《あ》け（解禁）行事があり、今ではカメラを持った大勢の観光客が押し寄せるイベントになっている。大人の海女たちが出漁している間、浜辺で女子児童たちが、舟から海中へ投げ入れられた栄螺《さざえ》を目指して競い合って潜り、採ってくる行事が行われる。白磯着姿の可愛らしいちびっ子海女ちゃんは、観光客たちにも大人気である。

菅島に限らず鳥羽・志摩の漁村では、海女漁の漁期に合わせた祭礼行事を持つところが多い。そうした機会を用いて、たとえ年に一度のイベントであっても、漁村の子供たちにこうした経験を積んで貰うことが、海女漁の将来にとって重要なのではなかろうか。

海女の漁業権問題

もうひとつの課題は、制度的な問題である。志摩漁村に住む女性ならば、誰しも海女漁を始められるという訳ではない。新規参入を阻む最大の障壁が、漁業権である。現在の法制上、漁業権は大型定置網等を敷設するための定置漁業権、養殖業を営むための区画漁業権、そして一般の漁民が共同で漁業を行う共同漁業権の三種に大別される。共同漁業権のうち、貝や海藻、伊勢エビ、ウニ、ナマコ、タコなどの定着性水産動植物類を採捕する第一種共同漁業権が、海女漁に関わる権利である。沖合いの公有海面での漁業は自由だが、沿岸の磯辺で営まれる海女漁業は、この漁業権の対象なのである。そしてこの共同漁業権は、歴史的な経緯から、一般的には漁業協働組合（漁協）に対して免許が交付される。

江戸時代以来、漁村の陸地を海面に延長した地先水面《ちさきすいめん》は、排他的・独占的に利用されてきた歴史がある。明治維新政府は、地租改正《ちそかいせい》によって国土のあらゆる土地について所有権を明確にする方針を採ったが、共有の山地と共に、海の権利を巡っては、紆余曲折の末に従来の慣習を尊重する形で法整備がなされた。

共同漁業権は、共同で漁場《ぎょじょう》を利用してきた歴史を前提に、地元漁民団体、すなわち漁業協同組合に与えられる。だから、海女漁を営むためには、その地区の漁業協同組合の組合員になることが必須条件である。

だが、希望すれば組合に加入できるという訳ではない。出資金と毎年の組合費を納めなければならないし、その地区に住んでいることが大前提である。多くの場合、組合員は世襲であり、新規参入は容易ではない。また、基本的に家単位で権利が与えられ、一家の世帯主が組合員であれば、その妻や娘は海女漁を営むことができる。逆に言えば、海女個人に対しての権利ではないため、例えば同じ地区内であっても組合員ではない家に嫁げば、漁業権を失ってしまう。

漁業権という壁は、一面で外部からのむやみな参入を防ぎ、地元の海女漁を守ってきた側面もある。だが同時に、この制度ゆえに海女の新規参入は簡単ではなく、結果的に海女が減少し続ける結果を招いた。

鳥羽市では行政が海女の後継者養成のために、都会から海女になる希望を持つ若い女性を募り、地域おこし協力隊として雇用する試みが行われた。だが、漁村ではこうした外部の者を容易には受け容れない。当の海女さんたち自身にも、反対する声は少なくないのである。

今のまま仲間が減っていけば、そのうちに海女漁が成り立たなくなるという一般的な危機感は、海女さんたちにも存在する。だが同時に、若く、体力のある海女（見習い）は、自分たちの収穫を奪うライバルでもある。眼前の利益と海女漁の将来と、両立を図るのは簡単ではない。

男海士の増加

海女文化の保全を訴えると、時に「男海士を含めて考えてはどうか」との声があがる。男女に関係なく、潜水する漁民、海人《あま》として評価すべきだ、との主張である。

鳥羽・志摩でも男海士は増加傾向にある。もちろん、漁業者として男が潜水漁業に従事すること自体を妨げることなどできない。だが私は、海女漁・海女文化保全の活動に男海士を含めることには、断固として反対である。

ウエットスーツの導入により、耐寒能力という点で男女の差はなくなった。そうなると、海底の石をひっくり返したり長く潜ったりという身体能力の点では、男の方が高いため、同じ条件で漁をすれば、当然男海士の方が収益も多くなる。放置すれば、次第に海女は駆逐され、衰退の一途をたどるであろう。

海女漁は、あくまで女性が営んでこその存在である。古来、このなりわいを営んだ女性たちによって脈々と受け継がれることにより、無理をせず、採り過ぎず、循環型の持続可能な海女漁、海女文化が育まれてきた。

鮑漁だけのことを考えるならば、アクアラングを付けた漁民による半養殖形態で行えばよいのである。少なくとも、世界的には珍しくない男の潜水漁に対して、税金を投入して鮑資源を増やす取り組みをする必然性はない。日本の海女漁は、女性が行うからこそ評価される文化なのである。

フナド海女漁は、舟上の男との間で成立した、最も古い男女協働のあり方だった。フナド海女漁が激減し、カチドやノリアイ形態が大半を占めるようになった今、海女漁における男女漁民の協働の仕方を、改めて考える必要があるだろう。

4　鮑の稚貝栽培と放流事業

激減する鮑資源

海女漁、海女文化の存続の危機は、単に海女の人数が減少し、後継者問題を抱えているということだけではない。最も深刻なのは、海女漁の最大の収益源で、歴史的にも海女文化の中核を占める鮑資源が、激減していることだ。

三重県では、ウェットスーツ普及後の昭和四一（一九六六）年頃の八〇〇t近い漁獲量をピークに下がり続け、特に近年の下げ幅が目立つ。漁獲量が二〇〇tほどに下がった昭和五七年から、県の対応として鮑稚貝《ちがい》を栽培し、海に放つ種苗《しゅびょう》放流が始まった。種苗放流による栽培漁業は多くの魚介について行われ、これからの漁業を促進する上で重要度を高めているが、鮑漁については、特にその傾向が強い。三重県では以後、平均して年間で約七〇万個、時には一〇〇万個の鮑稚貝を放流してきた。だが、それにも拘わらず漁獲量は減り続け、近年は五〇t前後で推移している。三、四十年の間に一〇分の一以下の水準に落ち込んでしまったわけだ。なお、これは三重県の海だけの問題ではなく、全国の総計でも盛期には七〇〇〇t近かったものが近年は一〇〇〇tほどにまで下落している。

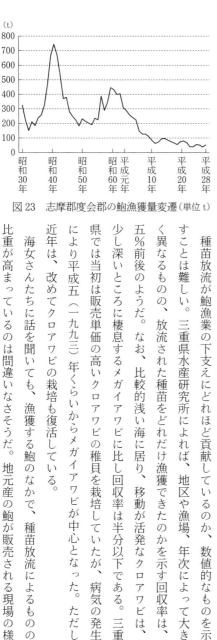

　なぜこれほど急激に鮑の漁獲量が落ち込んだのだろうか。その要因については諸説あるが、ウエットスーツ導入後に乱獲気味になったこと、藻場《もば》の減少や海水汚染など環境の悪化、ウニ類やヒトデなど食害生物の増加、そして温暖化に伴う水温上昇などが指摘されている。現場の漁業者たちは、他県から高速艇で夜間にやって来て、アクアラング装備で根こそぎ鮑を採っていく密漁の影響が一番大きいと主張する。いずれにしても三重県に限らず、鮑減少の決定的な原因はいまだにはっきりとせず、もはや天然鮑の資源回復は難しいとの悲観的見方もある。

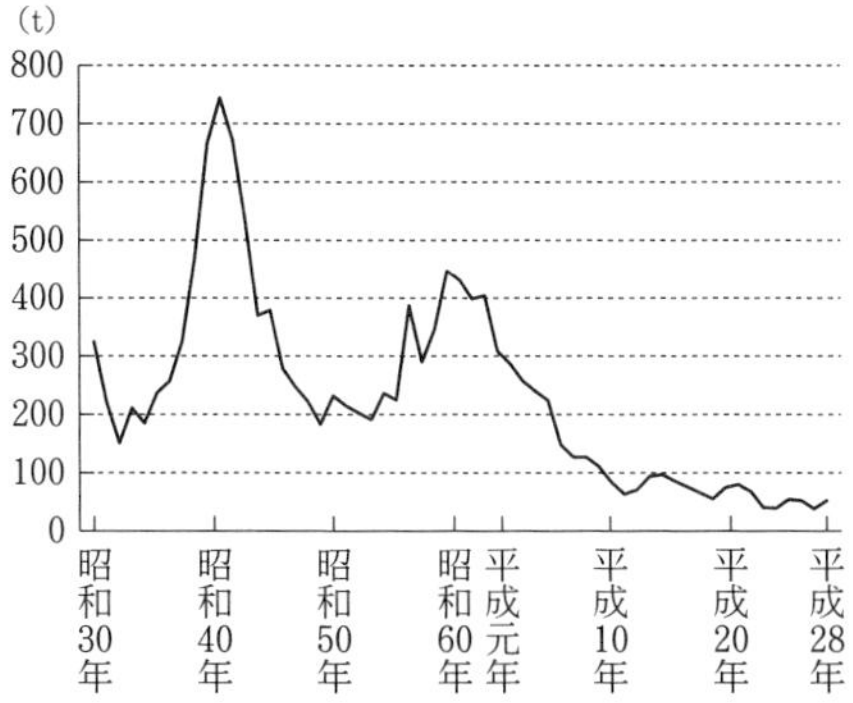

図23　志摩郡度会郡の鮑漁獲量変遷（単位t）

　種苗放流が鮑漁業の下支えにどれほど貢献しているのか、数値的なものを示すことは難しい。三重県水産研究所によれば、地区や漁場、年次によって大きく異なるものの、放流された種苗をどれだけ漁獲できたのかを示す回収率は、五％前後のようだ。なお、比較的浅い海に居り、移動が活発なクロアワビは、少し深いところに棲息するメガイアワビに比し回収率は半分以下である。三重県では当初は販売単価の高いクロアワビの稚貝を栽培していたが、病気の発生により平成五（一九九三）年くらいからメガイアワビが中心となった。ただし近年は、改めてクロアワビの栽培も復活している。

　海女さんたちに話を聞いても、漁獲する鮑のなかで、種苗放流によるものの比重が高まっているのは間違いなさそうだ。地元産の鮑が販売される現場の様子を見るにつけ、天然鮑に対する放流鮑の比率が上がっていることを実感する。放流鮑は、栽培時の餌の影響で貝殻に青緑色が残るため、天然鮑との区別が付くのである。他県（千葉県）の報告では、水揚げされた半数近くが放流鮑であるとの話も聞く。種苗放流がされていなければ、海女の鮑漁は壊滅的な状況に陥っていることであろう。

稚貝放流のコスト

現在放流している鮑の稚貝の多くは体長三㎝ほどであるが、卵から孵化《ふか》させてこの大きさに育てるには約一年半が必要である。その単価は五〇円とされており、漁協などへはその値段で販売される。だが、種苗放流事業の大半は、助成金を含めて税金を資金として行われている。年間で三、四千万円の税金が、直接的に投入されていることになる。ただし、単価の五〇円というのは必ずしも根拠のある数字ではない。三重県では尾鷲栽培漁業センター及び南勢種苗センターの二か所で鮑種苗が生産されているが、ここでの人件費や施設費用などをカウントすれば、単価も総額も跳ね上がることだろう。一方で近年の鮑の年間漁獲高は五〇t前後であり、売上額は五億円にも充たない。鮑という食べ物が一種の贅沢品であることにも鑑み、この規模の産業を維持するための投資額としては、過剰と言われても仕方がない。

誤解を恐れずに言えば、単純な経済原理のみから評価すれば、海女による鮑漁は、もはや漁業として成り立ってはいない。なぜこれだけの労力と税金を投入するのか、その理由と説得性は、海女漁という「文化性」、地域イメージや観光面など漁獲高以外の多面的な経済効果に求められるだろう。

回収率向上への取り組み

種苗放流事業の一番の課題は回収率を上げることであり、その方策の第一は放流の仕方である。以前は海上から投げ入れるようなやり方をしていたが、これでは稚貝が海底に着くまでの間に大型の魚によって食べられてしまう。「イシダイに餌をやっているようなもの」と揶揄《やゆ》されたこともあったようだ。放流直後の無防備な状態で、ヒトデに襲われることも多いという。現在は海女が潜って、稚貝を岩陰などに置いていくという丁寧な作業が一般的になってきている。なお、石川県輪島では牡蠣《かき》の殻に稚貝を貼り付かせて放流するとも聞いた。

次に、放流する稚貝を大きくすることである。以前は一・五㎝程度の小さな稚貝を放流していたが、現在は三㎝まで育てたものに代わった。これが三年ほど経てば、漁獲できる大きさの一〇・六㎝まで成長する。だが、もう少し大きくしてから放流すれば、小さいうちの食害を小さくすることができる。

三重県水産研究所が農林水産省の助成を受け、平成二五（二〇一三）年度から三か年にわたり行った事業において、海中の筏《いかだ》から籠を吊るし、そのなかで三㎝の鮑種苗を半年の間育てて、五㎝にしてから放流する方法が試みられた。そして鮑を海で大きくする作業には、海女さんたち自身が担当し、鮑の餌となる荒布《あらめ》や搗布《かじめ》を与え、籠の汚れを除き、海が荒れた時には避難させるなどして、籠中の鮑を保護管理した。こうして三㎝の鮑は平均して四・八㎝となり、生存率も八割近くで、海女さんたちの地元の漁場に放流された。そしてその結果、通常の三㎝種苗に比べ、回収率は二倍以上高くなったという。

五㎝以上の鮑を育てようとすると病気が発生するため、これが限度のようだ。この話を聞いた韓国の海女さんは、そのくらいの大きさの鮑なら採ってしまう、と笑ったのだが、規制がなければ商品足り得る大きさなのである。鮑漁に限らないが、自然のなかで獲物を採る漁業から、栽培「養殖」へと近づいているのを感じる。

コンクリート板の「鮑畑」

だが、さらに養殖に近い試みも始まっている。海底にコンクリート板を沈め、ここで鮑の漁場を造成するのである。鮑の隠れ場所となる上、ヒトデなど食害動物の駆除が容易で、特にあまり移動しないマダカアワビを用いれば取り残しが少なく、回収率が飛躍的に高まる。密漁対策も立て易い。これは房総半島の千倉《ちくら》で始まった方法なのだが、縦六〇cm、横八〇cm、厚さ一〇cm、一枚で重さ一二〇kgのコンクリート平板に三cmの稚貝鮑を付け、海藻が繁茂する海へ沈める。三年後には、七%から一九%、漁場によっては二二%もの高い回収率を示したという。潜水してコンクリート板を裏返すと、「笑ってしまう」くらい鮑が貼り付いていた、とも報告されている。

三重県でもこの方式を導入し、「アワビ畑」構想と唱えていくつかの漁場で試している。もちろん、ここでの鮑漁は個人で自由に行われるものではなく、その漁獲はまとめて漁協の収入とする。

だが、ここまでいくと、これが「海女漁」なのだろうか、との疑問も生じてしまう。このやり方であれば素潜りでなくても良いし、磯場《いそば》の形態を見て鮑を見付け、自分の体勢と呼吸とを測りつつ、岩と鮑の隙間に磯ノミを差し込み傷つけないように採る技能も、特段に必要ではない。もちろん、採るのが女性である必然性も全くない。ボンベを付けて潜り、機械的に鮑を回収してくれれば済む話だ。そこには伝統的な海女文化の要素はほとんど認められず、海底を用いた鮑の半養殖に等しい。

現段階で私は、海女文化の存続のため、海女さんたちの収入を下支えするため、コンクリート板による鮑漁場造成を含めて、鮑の種苗放流のさらなる規模拡大を要請する立場にある。だがそれは、いわば緊急避難的なものという理解をしておきたい。本来の海女漁は、人工的なものとは無縁の、自然の摂理に沿ったなりわいであり、そこにこそ魅力があるのだから。鮑資源の回復を図りつつ、同時に鮑以外のさまざまな漁獲物にもっと目を向け、その商品化を図ることが、海女漁存続の道であろう。鮑が激減する一方、栄螺は安定した漁獲高を示しており、従来はあまり採らなかったクロナマコも、中国からの需要を背景に冬の海女漁の重要な対象物となりつつある。他県に比べ三重県ではウニをあまり採らないが、これももったいない話だ。そして、多様で豊富な海藻がある。こうした漁獲物の、加工を含めた流通販売の工夫が、これからの大きな課題である。

5　海女漁獲物と流通

スーパーマーケットの「四定条件」

全国的な趨勢であろうが、漁業が盛んな鳥羽・志摩地域においても、個人経営の魚屋は姿を消しつつある。魚に関しては自給自足、あるいは現物交換で入手する漁民とその周囲の人たちを除き、鳥羽・志摩でも一般市民の大半は、海からの食べ物をスーパーマーケットで購入するのである。全国チェーンに組み込まれたスーパーマーケットでは、地物に限らず全国各地から集荷された魚貝類や海藻が店頭に並ぶ。地元で獲れる魚種でも、わざわざ遠くから運ばれたものが売られるのはなぜであろうか。

スーパーマーケットでは、商品の取り引きにおいて「定時・定量・定額・定規格」の「四定条件」という原則があるという。何時でも（定時）、同じ量を（定量）、同じ値段で（定額）、同じ大きさで（定規格）という条件を充たさないと、スーパーマーケットでは仕入れの対象とならないのだ。

消費者の元へ新聞折り込みで届けられるチラシでは、生の魚であってもしばしば数日前に、値段入りで販売が予告される。魚の値段は、仕入れ前、それこそ漁を行う前に、あらかじめスーパーマーケットが決めているのである。種類を限定し、規格も値段も単一に取り引きするのが、商品として販売する上で最も効率的ということであろう。当然、一定量の確保が求められる。そのため、出漁の規模次第では遠隔地の漁業者の方が有利な場合も少なくない。

農作物であれば、作柄からある程度は収穫の予測も立てられる。養殖の魚も、同様であろう。だが、自然相手の漁ではそう簡単にはいかない。あらかじめ決められた取り引き対象の魚を目当てに出漁することになるが、予定外の魚種や規格に外れた魚は売り物にならず、虚しく捨てられてしまう。現実に魚市場では、そうした悲しい魚の姿をよく目にする。また、漁が少なく希少価値であっても、事前に決まった値段で納品される。

この点は野菜でも同様だ。梱包・運送の便宜もあるが、きれいに揃った規格品であることが求められるため、曲がった胡瓜《きゅうり》や少しでも傷付いたトマトなどは売り物にならず、大抵は廃棄されてしまう。

こうした流通構造には、当然のことながら天然の漁よりも養殖の方が適しているし、またいつでも出荷するには冷凍保存技術も不可欠だ。その結果、新鮮な美味しさとともに、食材の季節感はどんどん失われていく。明らかに自然の摂理に反した流通体系だが、これは必ずしもスーパーマーケットが悪いのではなく、手軽な便利さを求める消費志向に応えた結果なのである。

非効率な海女漁

そして、スーパーマーケットが求める「四定条件」に最も合わない漁業形態が、海女漁なのだ。何しろ、まず漁に出られるかどうかは、当日朝にならないと分からない。漁の多寡《たか》も予測できないし、そもそも海女たちの漁獲量は、スーパーマーケットが求める規模には遠く及ばない。伝統的な海女漁は、海の底にあるさまざまな種類の獲物を、あるがままに採るというものであった。少品種に特化した効率的な大量取引が現在のスーパーマーケットの経済原理だとすれば、小量ずつ多品種の非効率的な漁が、海女漁の特質なのだ。

だから、鳥羽・志摩でも海女が採る地元産の鮑が店頭に並ぶことは、スーパーマーケットに限らず、ほとんどない。学生たちに御馳走しようと鳥羽市内の水産物販売の専門店で鮑を買い、念のため産地を聞いたら高知産だというので、がっかりしたことがある。

では、鳥羽・志摩の鮑は、どのように流通しているのだろうか。漁獲物の直販所や海女の家族が営む地元の民宿などに卸される分もあるが、基本的には地元の市場で仲買人を介して都会の卸売市場へと売られていく。クロアワビについては、志摩の高級ホテルの看板料理に用いられるため、まとめて高値で買い取られるのは、よく知られた話だ。鳥羽・志摩の海女が採った鮑を、地元でもっと消費できるようにならないだろうか、と思う。

魚を調理する文化の低下

日本人の魚食文化は、その仕入れ手段をすっかり大手スーパーに依存するようになってしまった。いつも同一の条件で食材を入手する志向に加え、きれいに加工されたものしか売れなくなったことも原因であろう。魚屋の店頭で丸ごと売られた魚を家庭でさばくことが、ほとんどなくなってきたのである。

私が勤務する大学の教養教育課程の授業で、一〇〇名ほどの受講生に対して「丸ごとのアジを刺身《さしみ》に調理することができる者」を問うたことがある。手が挙がったのはわずか五名、それも水産系の学科に所属し、釣りを趣味とするらしき男子学生のみであった。教室には女子学生の方が多かったが、残念ながら全滅である。五名の男子学生たちはよく分かっていることだろうが、新鮮な魚のさばきたての刺身は、スーパーマーケットで一切れずつ切ってパックに収められている刺身とは、別の食べ物と言ってよいほど美味しい。現代人は便利さと引き換えに、食材の持つ本来の味を捨ててしまっているのだ。

　これは、町の魚屋さんの存続云々にとどまらず、漁業の行く末とも関わる問題であろう。本当の味を知る「食育」なしには、日本の漁業、そして農業の未来は見えてこない。

前近代の魚食文化と養殖が発達した現代

江戸時代には、今とは比べ物にならないほど流通は未発達だったし、冷凍保存技術などもなかった。何より、庶民の暮らしはつつましかった。だが、特に漁村においては、現在よりもずっと多様で、旬の食材に即した味覚豊かな食文化が存在していたのではないか。当時は獣肉を食することの禁忌《きんき》が強かったため、動物性蛋白質《たんぱくしつ》の摂取を主に漁獲物に頼っていたこともあるが、採れた魚は規格とか大小に関係なく、食べられる内臓部位を含めて決して捨てることなく食していたであろう。大漁時の保存のために、干物にするほか塩や粕《かす》、酢《す》、麹《こうじ》などで漬ける技法も発達した。海藻にしても今に比べ圧倒的に消費量が多く、そして多彩な種類をさまざまな形で食べていたようだ。海の幸を楽しむ食文化は、近代以降にむしろ退化してしまったのではなかろうか。

　現代社会では、ひと手間かける面倒を厭《いと》い、日々の快適さを追い求め、ファーストフードが日常に溢れるようになった。お手軽な便利さと引き換えに、自然との距離が近い食べ物の味を、季節ごと、また個体ごとに異なる本当の美味しさを、失いつつある。とりあえずの空腹を充たし、カロリー摂取だけを目的とする食べ物やサプリメントも広く普及している。食の安全という観点からの問題もあろうし、ケージで人工的な餌をあてがわれて飼育されるブロイラーのようで物悲しい。食は私たちにとって日々の生活の大事な要素であり、それは文化として自ら尊重しなければならない。

いつも同じものを安く食すために、水産領域でも人工的な模造品が増え、養殖物の比重も高まっている。地球規模で見れば、陸上における食料生産に限界が見え出したのに対して、海での漁業資源の増殖は大きな可能性があり、世界の食料問題を解決させうるとも言われる。

だが、例えば養殖ハマチ一kgを作るのに、餌としてイワシが一〇kg必要だという。高く売れるハマチのために、その一〇倍のイワシが犠牲となっているのだ。これは世界の食料分配を考えてもマイナスだが、それ以前に私は、脂ぎった養殖ハマチよりも新鮮なイワシの刺身の方が、はるかに美味いと思う。

和食のユネスコ無形文化遺産登録と食文化

人間の生活の基礎である衣食住のうち、伝統的な織物やその技術、また建造物など、衣と住が文化財として評価されることは少なくない。だが、食については文化どころか、それを語るのは何か卑しいことのように受け止められる嫌いがある。もちろん、日常に食されることで消えていくものであるから、評価しにくいのは確かだが、人びとの意識の上で、衣や住に比べて食は、「文化」の構成要素として一段落低い位置に置かれているのではなかろうか。

その点では、二〇一三年に「和食」がユネスコの無形文化遺産に登録されたことは、画期的な意味を持った。その申請過程では、文化庁ではなく農林水産省が主導し、また「フランス料理の美食術」など海外諸国の料理文化が登録されたのをきっかけに、文化的なナショナリズムが前面に出る動向での対抗措置という感もあり、文化行政という点では少なからず問題があったのだが。

農林水産庁のＨＰによれば、和食の無形文化遺産としての価値は「自然を尊重する心に基づいた食慣習」にあるとし、その特徴として「多様で新鮮な食材とその持ち味の尊重」「栄養バランスに優れた健康的な食生活」「自然の美しさや季節の移ろいの表現」「年中行事との密接な関わり」の四点があげられている。一流の板前が作る高級料亭の日本食ではなく、伝統的な庶民の日常食こそが、評価の対象なのである。これを見ると、自然の尊重、多様で新鮮な食材、健康、季節感、年中行事など、海女漁の特質がまさにそのまま当てはまるではないか、と思ってしまう。

さて、食についてこのような価値付けをするならば、それは日本全体で一律なものではありえない。自然地形も気候も、それに伴う食材や行事も、日本列島上では多種多様であり、「和食」としてすべてを括ることに無理を感じる。文化財の指定・登録は、その対象物が存続の危機に瀕した時になされることが多い。事実、いわゆる伝統的な日本の食文化は、核家族化とファーストフードや外食産業の発達、総じて生活全体の都市化により、急速に衰えていると言ってよい。そしてそれは、美味しさという点でも、大きく魅力を減じている。

グローバル化の進んだ大都会では、確かに何でも手に入り、世界各国の料理も日本各地の郷土料理も、大抵は味わえる。だが、感動するくらい美味しいものにはなかなか出会えない。まあ、庶民には手の届かない高級料理店ならば別なのだろうが。

しかし過疎地の漁村では、当たり前の日常食が、べらぼうに美味しいのだ。真の美食は、自然環境豊かな生産地に近い所にこそ存在する。食の背景を含めて、食文化とは本来、地域に根差したローカルなものではなかろうか。言い換えれば、流通が高度に発達した現代でも、新鮮な食材とそれを用いた料理は、ローカルの最後の砦、経済的武器だと思う。

冷凍や養殖の魚を扱わず、地元の天然物にこだわる寿司屋は、提供できるネタは漁次第である。海が荒れて不漁が続けば、それこそかっぱ巻きや稲荷寿司などしか出ないこともあろう。しかし豊漁で仕入れが良ければ、安くてうまい寿司がたらふく食べられる。漁に恵まれるかどうかは運次第であるが、それに不満を持つせっかちさが、本当に美味しいものを駆逐してしまう。いつでも同じものを同じ値段で食べたいと思えば、海外で機械的に加工されたネタがロボット握りのシャリに乗っている、回転寿司屋に行くしかないのだ。

真のグルメとは

現代人は便利さの代償に、真の美食、真の食文化を失いつつある。グルメ雑誌やグルメ番組が人気を集める時代であるが、調理され、できあがった料理だけでなく、その食材を語って欲しい。もっと言えば、食材を生み出す生産地の状況について確かな知識を持つのが、真のグルメだと思う。そして、自然に近い「食文化」にこだわることが、環境問題の解決にもつながるのではなかろうか。自然条件のままに営まれる海女漁は、その点でも評価されるべきものである。

数年前から海女振興協議会として、海女が海中に潜って採った物を「海女もん」と名付けてブランド化し、直販所などで売り出すことを試みている。従来の流通体系とは別の販路を作り、そして海女漁の産物であることを明示することにより、海女さんたちの収入を安定的に増やすための取り組みである。これが成功するためには、海女さんたちの努力もさることながら、商品を単なる物としてではなく、生産者の顔をイメージして購入し、食するような、消費者の意識向上が必要なのだ。

6　海女の意識改革を

文化財としての海女をテーマに、鳥羽・志摩から少し離れた津市内で講演をした時、出席者の一人から「海女たち自身は、自分たちのことを文化財だなどと考えていないはずだ」との批判が寄せられた。実態は、まさにその通りである。海女文化の意義は、「民芸」と同様に、名もなき普通の人たちによる意識せざる日々の活動が、結果として生みだした文化だという点にある。

だが、これからは海女さんたち自身に、自分たちの活動についての意識を、もっと高めて欲しい。海女漁に誇りを持つことは、その第一歩である。だが、それだけに止まっていては駄目なのだ。海女漁の現在が、どのような仕組みで成り立っているのか、これを続けることにはいかなる意味があるのか。こうした問題を、海女さんたちが自分たちの生活維持のことに加えて考えなければ、いくら周囲の者たちが努力しても、海女漁の存続は叶わない。

海女振興協議会の結成や海女の文化財指定を機に、海女さんたちが行政に対して物申す機会も増えた。そうした時にまず出される意見は、鮑が採れなくなったことへの嘆きと、その対策の要望である。稚貝放流の規模を拡大させることへの欲求も強い。これは確かに海女漁、海女文化を存続させるために不可欠な取り組みである。だが、海女さんたちには、大漁を願うと同時に、稚貝の育成や購入の費用をどのように捻出するのか、という問題にも考えを及ぼして頂きたいのである。海女は、第一義的には漁業者である。だが、個人の利益を追求する一漁業者に過ぎないのであれば、県や国の機関がその維持・存続を図ることはない。海女文化の伝承者としての誇りと自覚を持ち、同時に観光目的のものも含め、海女文化の振興に関する事業にも積極的に関わって頂きたいのだ。

海女が採った海藻を自ら乾燥・加工し袋詰めして販売するための「海女もん」ブランドも、いまだごく少数の海女さんが関与するに留まっている。海女さんたちには、鮑漁へのこだわりの強い人が多い。高価で収益性が高いこともあるのだが、おそらくは鮑漁が一番楽しく、採れると嬉しいのだと思う。鮑を採ってこそ海女であり、そうでないのは「ニセ海女」だ、との声も聞く。しかし、歴史的にも現代社会でも、海女漁は鮑漁のみで成り立っている訳ではなく、またそれでは将来の見通しも立てにくい。

今後、海女漁の存続のためには何が必要か、海女さんたち自身にこそ、考えて頂きたいものだと思う。私たちは、海女さんたちの応援団ではあるが、主役にはなれないのだから。

おわりに——海女文化の射程——

海女漁、海女文化の存続、発展を目指した取り組みを始めてから一〇年が過ぎた。文化財指定は着実に段階を上り、行政や関係団体の支援体制も整ってきている。全国各地と韓国の海女さんたちの間で交流も深まった。資源の減少や、何より海女さんの数が下げ止まらないという大きな課題の解決に向けて、今後も頑張っていかねばならない。

なぜ私たちは海女に、海女という働き方に、海女が暮らす漁村に惹かれるのだろうか。一億数千万人の国民のなかで海女をなりわいとする女性はわずか千数百人に過ぎず、総漁獲売上高も精々十数億円程度であろう。原始以来の漁法は時代遅れの漁業形態とも言えるし、経済的な見地からは、保護振興の対象にするのは全く無駄であるかもしれない。だが、高度に文明が発達しつつも、さまざまな歪みが私たちを悩ませている現代社会において、海女の一周遅れの先進的な生き方、働き方が、大いなる魅力を持って輝きを放っているように思う。

懇意の海女さんにお願いして学生相手に話をして貰った時、「私らは、自然に寄り添った働き方をしとる。私はそうした生き方が気に入ってる」と言われたことが、私はとても印象に残っている。日々の生活も取り巻く環境も、あまりに人工的になってしまった現代社会において、海女の最大の魅力は、大自然の一部として自然のなかに自らの身体を溶け込ませるような生き方、働き方、それゆえの健全性、これに尽きるであろう。

大正年間に精神衰弱を患い、療養中の鳥羽《とば》・志摩《しま》で海女さんに出会って、その調査を通じて心身の健康を取り戻し、元気に復学した京都帝大生伊丹萬里のレポートを読んだ時、私自身が、なぜこの一〇年ほど海女振興の仕事に思いを寄せてきたのか、自分の潜在意識を理解できたような気にもなった。

田辺悟氏は、丹後半島袖志の漁村について、次のようなことを書いている。

海女が稼働している村で感じることは、厳しい生活を営んでいるにもかかわらず、誰もが例外なく明るいという印象を受けることである。主婦が明るければ家庭の雰囲気がしぜんに明るくなるように、海女の村は全体が明るい。

私も鳥羽・志摩の海女漁村を歩くと、同様の感想を抱く。海女さんたちの元気な声が飛び交う路地は、外観とは異なり開放的で楽しそうだ。ＧＤＰ的な数値では貧しいのかもしれないが、食や地域コミュニティなどの面では、真に豊かな生活が残っている。

現在、海女振興の取り組みは、行政的には政府の地方創生事業の補助を受けて行っているものが多い。あまりにも多くの領域で中央集中が進み、都会と田舎の格差が極端に広がったなかで、地方の、過疎地の存続は深刻な危機にある。日本の伝統社会の基盤をなしてきた地方を再生させる取り組みは、もっと大きな規模で行われなければならない。

だがそれは、「遅れている」地方が、都会に少しでも追い付くことを目標とすべきではない。地域固有の資産・特性に着目し、それを育てることで、それぞれが独自の発展を遂げるべきだ。志摩半島に位置する鳥羽・志摩の海女は、原始社会以来、生業として重要な役割を占めてきただけでなく、都や伊勢神宮《いせじんぐう》などと関係を保ちつつ、時には観光客の好奇な視線に晒《さら》されながらも、地域の個性を醸成し、現在につながる地域の象徴としての役割を果たしてきた。

海女は、志摩半島のかけがえのない宝である。海女漁、海女文化がもつ可能性を最大限に活かすことで、少なくともある領域では、この地域こそが日本の先進地にもなりうる。そしてそれは、日本文化の見直しに、そして日本社会の多様性を守る上で、有益な貢献ができることであろう。

参考文献（本文中に掲げた文献は省略したものもある）

全般

岩田準一『志摩の蜑女』（アチック・ミューゼアム、一九三九年）。後に『志摩の海女―附・志摩の漁夫の昔がたり―』（中村幸昭、一九七一年）として復刊。

瀬川清子『海女記』（三国書房、一九四二年）、同『海女』（古今書院、一九五五年）。

田辺悟『近世日本蜑女伝統の研究』（慶友社、一九九八年）、同『日本蜑人伝統の研究』（法政大学出版局、一九九〇年）、同『海女』（法政大学出版局、一九九三年）。

松島博『三重県漁業史』（三重県漁業協同組合連合会・三重県信用漁業協同組合連合会、一九六九年）。

大喜多甫文『潜水漁業と資源管理』（古今書院、一九八九年）。

矢野憲一『鮑』（法政大学出版局、一九八九年）、同『伊勢神宮の衣食住』（東京書籍、一九九二年）。

宮下章『海藻』（法政大学出版局、一九七四年）。

谷川健一編『海女と海士』（三一書房、一九九〇年）。

川口祐二『甦れ、いのちの海』（ドメス出版、二〇〇七年）、同『海女、このすばらしき人たち』（北斗書房、二〇一三年）、同『海女をたずねて』（ドメス出版、二〇一六年）。

アン・ミジョン（キム・スンイム訳、小島孝夫監修）『済州島海女の民族誌―「海畑」という生活世界―』（アルファーベータブックス、二〇一七年）。

史料、報告書等

『三重県水産図説』（東海水産科学協会・海の博物館、一九八四年影印刊）。

『三重県水産図解』（東海水産科学協会・海の博物館、一九八五年影印刊）。

『目で見る鳥羽志摩の海女』（海の博物館、二〇〇九年。二〇一六年、二〇一九年改訂版）。

『海女習俗基礎調査報告書』（三重県教育委員会、二〇一二年）。

『海女習俗調査報告書―鳥羽・志摩の海女による素潜り漁―』（三重県教育委員会、二〇一四年）。

『日本列島海女存在確認調査報告書』（海の博物館、二〇一三年）。

『海女の漁獲物・海藻等に関する調査報告書』（海の博物館、二〇一五年）。

『海女文化の歴史調査報告―素潜り漁に関する基礎資料報告（原始・古代～中世）―』（鳥羽市教育委員会、二〇一八年）。

『海と人間』三一号（海の博物館、二〇一八年）。＊海女に関する拙稿八編を所収。

一　原始・古代～中世の海女

『白浜遺跡発掘調査報告』（鳥羽市、一九九〇年）。

山中英彦「忘れられたアワビオコシ」（菊池徹夫編『比較考古学の新地平』同成社、二〇一〇年）。

小林青樹「海人の性格―アワビオコシと銛頭―」（『弥生時代の考古学5　食糧の獲得と生産』同成社、二〇〇九年）。

森公章『古代日本の対外認識と通交』（吉川弘文館、一九九八年）。

東野治之『日本古代木簡の研究』（塙書房、一九八三年）。

狩野久「古代における鰒の収取について」（門脇禎二編『日本古代国家の展開』上、思文閣出版、一九九五年）。

渡辺晃宏「志摩国の贄と二条大路木簡」（『研究論集Ⅶ長屋王家・二条大路木簡を読む（奈良国立文化財研究所学報第61冊）』奈良国立文化財研究所、二〇〇一年）。

片山一道「縄文人の外耳道骨腫―その出現率の地位差と要因―」（『橿原考古学研究所論集』13、吉川弘文館、一九九八年）。

二　近世の海女

中田四朗「近世の志摩における海女と伊勢の御師―熨斗を媒介として―」(『海と人間』6、海の博物館、一九七八年)。

小林庄一『人と潜水―水環境への適応―』(共立出版、一九七五年)。

境一郎『一個52万円のアワビ文化―環境立国日本をめざす海からの提言―』(成山堂書店、二〇〇〇年)。

高橋美貴「鮑を通して見た三陸と江戸」(渡辺信夫『近世日本の生活文化と地域社会』河出書房新社、一九九五年)。

若松正志「長崎俵物をめぐる食文化の歴史的展開」(『京都産業大学日本文化研究所紀要』創刊号、一九九五年)、同「仙台藩領における長崎俵物の生産・集荷」(渡辺信夫編『近世日本の生活文化と地域社会』河出書房新社、一九九五年)。

杉山亜有美「近世・近代の海女漁における資源管理について―江戸期の管理制度と組合規則への継承―」(『三重大史学』13、二〇一三年)。

三　海女の出稼ぎ

中田四朗・名古宏樹・松村勝順・井上正英「志摩の海女の北海道・朝鮮進出―越賀地下文書から―」(『三重史学』22、一九七九年)。

福田清一『志摩と朝鮮を小舟で往復した志摩の蜑女―北は礼文・利尻、南は八重山まで往った志摩の海女たち―』(私家版、二〇〇六年)。

中田四朗「近世の志摩における海女と伊勢の御師―熨斗を媒介として―」。

藤田貞一郎『近世経済思想の研究』(吉川弘文館、一九六六年)。

安沢みね「『紀州国産』伊豆天草の流通構造」(宮本又次編『商品流通の史的研究』ミネルヴァ書房、一九六七年)。

後藤雅知「紀州藩による天草集荷請負人」(斎藤善之編『海と川に生きる』吉川弘文館、二〇〇七年)。

羽原又吉『日本漁業経済史』上・中・下巻(岩波書店、一九五二〜五五年)。

田島佳也「近世紀州漁法の展開」（『日本の近世 4』、中央公論出版社、一九九二年）。

『静岡県史 資料編23 民俗一』（静岡県、一九八九年）。

山中昇「海女の出稼に関する研究」（『三重大学農学部学術報告』13、一九五六年）。

倉田貞、山中昇「志摩半農半漁村における海女の出稼について」（『農業と経済』23（4）、一九五七年）。

『三重県水産試験場事業報告 大正元年度』。

磯本宏紀「潜水器漁業の導入と朝鮮海出漁—伊島漁民の植民地漁業経営と技術伝播をめぐって—」（『徳島県立博物館研究紀要』18、二〇〇八年）。

李善愛『海を越える済州島の海女—海の資源をめぐる女のたたかい—』（明石書店、二〇〇一年）。

吉田敬市『朝鮮水産開発史』（朝水会、一九五四年）。

朝鮮総督府編『韓国植民策』（一九〇八年）。

神谷丹路「近代日本漁民の初期朝鮮沿岸出漁漁業の考察—一八九〇年代を中心に—」（『大学院研究年報』（15）総合政策研究科篇、中央大学、二〇一一年）。

神谷丹路「近代日本漁民の朝鮮出漁の研究—朝鮮南部の漁業根拠地長承浦・羅老島・方魚津を中心に—」（学位論文）。

『東浦町史』（兵庫県東浦町、二〇〇〇年）。

『津名町史 本編』（兵庫県津名町、一九八八年）。

片山濤園編『淡路之誇 下巻』（実業之淡路社、一九三二年）。

拙稿「近代の志摩海女の出稼ぎについて」（『三重大史学』10、二〇一〇年）。

拙稿「近世志摩海女の出稼ぎについて」（『三重大史学』15、二〇一五年）。

拙稿「近代志摩海女の朝鮮出漁とその影響」（『三重大史学』16、二〇一六年）。

四 観光海女の歴史

宮本常一「海人ものがたり」(中村由信『日本の海女』マリン企画、一九七八年)。

鈴木堅弘「海女にからみつく蛸の系譜と寓意—北斎画「蛸と海女」からみる春画表現の「世界」と「趣向」—」(『日本研究』38、国際日本文化研究センター、二〇〇八年)。

橋爪紳也『明治の迷宮都市』(平凡社、一九九五年)。

『見世物関係資料コレクション目録』(国立歴史民俗博物館、二〇一〇年)。

橋爪紳也監修『別冊太陽　日本の博覧会』(平凡社、二〇〇五年)。

乃村工藝社社史編纂室編『ディスプレイ100年の旅—乃村工藝社100年史—』(一九九三年)。

『七〇万時間の旅』Ⅱ(非売品、乃村工藝社、一九七五年)。

清水章『日本装飾屋小史』(創元社、二〇〇六年)。

小暮修三「海女の表象—『ナショナル ジオグラフィック』に見るオリエンタリズムと観光海女の相互関係—」(『日本研究』39、国際日本文化研究センター、二〇〇九年)。

菊池暁「誰がために海女は濡れる—日本海女写真史略—」(川村邦光『セクシュアリティの表象と身体』臨川書店、二〇〇九年)。

井上章一「見られる性、見せる性ができるまで」(『岩波講座 現代社会学10　セクシュ・アリティの社会学』岩波書店、一九九六年)。

『浮世絵から見る海女』(海の博物館、二〇一六年)。

拙稿「都びとのあこがれ—歴史に見る志摩の「観光海女」—」(『三重大史学』12、二〇一二年)。

五　近代の海女へのまなざし

吉村利男「近代期の海女調査とその資料」(『海女習俗基礎調査報告書—平成22、23年度—』三重県教育委員会、二〇一二年)。

伊丹萬里『蜑婦労働問題の研究』(巌松堂書店、一九一七年)。

荒俣宏翻訳・解説、大橋悦子共訳『ゴードン・スミスのニッポン仰天日記』(小学館、一九九三年)。

桜田勝徳『桜田勝徳著作集』3（名著出版、一九八〇年）。

辻井浩太郎『三重県地誌の研究』（辻井浩太郎遺稿刊行会、一九五六年）。

額田年『海女―その生活とからだ―』（鏡浦書房、一九六一年）。

拙稿「『伊勢新聞』に見る近代の志摩海女―明治・大正期の「海女」の諸相―」（『三重大史学』11、二〇一一年）。

六　海女文化の現代

清水利厚「千葉県におけるアワビ放流技術」（『千葉県水産総合研究センター研究報告』三、二〇〇八年）。

佐藤光男（千葉県ＪＦ東安房漁協）「クロアワビ資源をみんなの力で増やす」（『豊かな海』三一号、二〇一三年）。
＊海女研究会ＨＰで公開している以下の報告を、特に参考とした。
・竹内泰介「海女漁業を支援する新しい試み」（二〇一三年八月一九日）
・常清秀「海女漁獲物の販売戦略の方向性について」（二〇一五年四月二七日）
・松田浩一「流通販売方法の改革による海女漁業の収益性の向上」（二〇一五年六月二二日）
・阿部文彦「海女漁業を支援するための取組み」（二〇一六年六月二〇日）
・清水砂帆子「水産行政の立場から見た海女振興の課題」（二〇一七年一一月一三日）

あとがき

「海女《あま》の通史を書いて下さいよ」と海の博物館の石原義剛館長に言われたのは、いつのことだっただろうか。「はい、分かりました」と答えたものの、海女を専門に研究している訳ではなく、江戸時代の民衆社会について細々と勉強しているに過ぎない私にとって、「海女の通史」に取り組むのは荷が重く、そのうちに、と思いつつもほったらかしていた。そうこうしているうち、二〇一七年七月末、突然「館長が倒れた」との連絡を受けた。心肺停止を繰り返すほど危機的な状況だったというのは、後で知ったことである。この時は奇跡的に生還されたものの、お見舞いを断ったまま入院生活に入られた。海女サミットや関連する取り組みを進めつつ、元気に復帰されることを待ったが、入院は長期化し、次第に不安が募っていった。館長との約束を思い出し、授業準備や会議に追われる合間を見て、海女の通史執筆に着手したのは、冬の初めの頃である。

専門外の時代について調べるのは私の手に余る作業だったが、見慣れぬ史料と格闘することで新鮮な発見も多々あった。私事で思い掛けぬことが続いて身辺の生活環境が変わり、悩みや苦しみを抱えるなか、海女の通史を仕上げるという目標が心の支えにもなった。

翌二〇一八年の夏の初め、ようやくひとまずの原稿が仕上がり、お嬢さんで海の博物館事務局長でもある石原真伊さんにお願いして病床に届けて頂いた。厳しい闘病生活のなか、四百字換算で四〇〇枚を超える原稿に目を通すのは、さぞご負担だったことと思う。だが七月二一日に「読み終わりました。いいですね！　初めての海女の歴史」とのショートメールが届き、以後いくつかの注文はあったものの、八月二八日のメールで、「内容は大枠で変更しないことを条件に出版するように」とゴーサインが出た。肩の荷をおろした思いがしたのだが、これが最後の連絡となってしまった。それからひと月も経たない九月一七日、一年を越える闘病生活の末、ついに八一歳の生涯を終えられた。本書の刊行を楽しみにして頂いただけに、もっと早く取り組んでおけば、と後悔もしたが、原稿を読んで頂いたことをせめてもの救いとしたい。

私にとって海女の研究は、当初は大学と博物館との連携活動として取り組んだことであった。精々が、三重県域の歴史編纂に携わる立場から、鳥羽《とば》・志摩《しま》地域の歴史的特質を知るためのひとつの手段であった。だが、近代以降の海女労働の研究に触れ、現実の海女さんたちとのお付き合いが増えるなかで、海女という働き方、生き方に、次第に惹かれるようになっていった。

海女振興の仕事に従事してから、多くの海女さんに出会った。肝の据わった豪気と繊細な気遣いとを併せ持つ彼女たちは、街中の世俗社会に暮らす私たちの小さな悩みを笑い飛ばすエネルギーを持っている。それは、最も自然に近いところで働き、生活を営む健全さが生んだものであろう。

だが、この一〇年ほどで海女さんたちを取り巻く状況は大きく変わってきた。文化財としての評価により海女という働きに対する誇りが生じたこと、地域を越えて仲間が増え、世界が広がったことは、間違いなく良かったと思う。伊勢志摩サミットなどでの活躍も相俟ってマスコミの注目を集め、テレビの娯楽番組等に頻繁に登場し、芸能人たちの海女漁村への来訪も増えた。合わせて、海女を求める観光客も増加している。それは確かに、鳥羽・志摩地域の経済振興に寄与している。

しかしながら、それに諸手をあげて歓迎する気にはなれないのだ。

房総半島の御宿《おんじゅく》は、東日本における海女文化の拠点の一つであった。だが、今は海女漁を営む女性はほとんどおらず、見る影もない。現代の海女を「仕事を通じた自己実現」という社会学的観点から注目する畏友の小暮修三氏（東京海洋大学）によれば、御宿では一九五〇年代以降、乱獲に加えて海女を対象とする観光が盛んになり、女性たちがより楽で儲かる仕事を求めた結果、海女漁自体が衰退してしまったのだという。現代のグローバルな資本主義的観光経済は、地域の目新しいものに目ざとく飛び付き、あっという間に消費しつくしてしまう。一時は外来客が落とす金銭の恩恵を蒙っても、ブームが去れば地域には傷痕しか残らない。表面的な海女人気は、海女漁自体を滅ぼしかねない危うさを持つ。

明治後期に発生した朝鮮出漁による「漁業バブル」は、志摩の海女漁村の社会構造を大きく変えてしまった。幸い海女漁自体は生き延びたが、今はまた新たな転換点を迎えているようにも感じる。

海女を語る時に、「持続可能性」というキーワードがよく用いられる。海の資源を管理する特長からのことであるが、それは海女漁自体、また海女という働き方、生き方の持続性を伴うものであって欲しい。

もちろん私も、海女に興味関心を持って鳥羽・志摩に訪れる人々を、大いに歓迎したい。だが、海女さん個々の人格への興味にとどまらず、海女文化や海女の居住する漁村、それらを取り巻く地域社会へと関心を及ぼして頂きたいのだ。

そのためにも、まずは海女漁に関する豊富な資史料を有し、海女文化の発信拠点となっている鳥羽市立海の博物館を訪れて欲しい。そうすれば、海女を含む日本の漁民たちが営々と築いてきた、世界に誇るべき海の生業文化の魅力に触れられるのであるから。

本書の刊行に向けて吉川弘文館編集部の若山嘉秀さんと打ち合わせを始めた頃、「改正漁業法」成立というニュースが飛び込んできた。「水産業の活性化」を掲げて養殖漁業などに企業の参入を促すため、これまで漁業協同組合に優先的に与えられてきた漁業権を見直すというのである。

海は誰のものなのか、その公益性をめぐる議論は悩ましい。ただ、江戸時代の漁村が保ってきた権利を受け継いだ漁協の漁業権は、決して単なる権益ではない。生活を営む地に続く海域を自分たちの海として守り、資源を管理し、環境を保護してきた長い歴史がある。それをないがしろにする外部の強大な経済原理が参入しかねない状況に、漁業関係者は強い危機感を抱いている。江戸時代以来の原則を覆す大きな「改正」が、世間でほとんど注目もされないまま行われようとしているところに、漁業という第一次産業が現代の社会においていかに軽視されているか、よく表れてもいる。

磯場で営む海女漁は、この漁業法「改正」に深刻な影響を受けることが危惧される。だが私は、海女漁、海女文化こそが、こうした外部の動きに抗い、古くからの漁民の生活となりわいを守るよすがとなりうるのではないか、とも考えている。

この間、海の博物館の皆さん、鳥羽市、志摩市、三重県の関係部局の方々、海女研究会の仲間たちに、大変お世話になった。本書中の海女古写真のキャプションについては、鳥羽市文化財調査委員の山本実さんから多くの御教示を得た。また、昨秋に海女研究センター助教として着任された海女研究の若き俊秀、吉村真衣さんには、原稿の最終チェックをして頂いた。皆様に篤く御礼申し上げる。これからも皆さんと一緒に、海女漁、海女文化の存続・発展を目指して頑張りたいと思う。

そして何より、多くの海女さんたちに感謝しなければならない。本書は主に過去の海女について叙述したものだが、現在の海女について知ることなしに、歴史的な海女の実像や海女漁の意味を理解することはできなかった。この小冊子を海女さんたち自身にこそ、読んで欲しいと願っている。「塚本さん、なんやらコムズカシイこと書いとるなあ。もっとわしらの話を聞いて勉強せな、あかんで！」などと叱られそうな気もするのだが。

二〇一九年一月

塚本　明

［付記］本書の内容は、二〇一八～二〇二一年度科学研究費基盤研究（C）（一般）「近世社会における海と山の生業の有機的連関についての研究」（課題番号一八K〇〇九六〇）の成果を含んでいる。

著者略歴

一九六〇年　愛知県に生まれる
一九八三年　京都大学文学部史学科卒業
一九八九年　京都大学大学院文学研究科博士課程修了　博士（文学）
現在　三重大学人文学部教授

〔主要編著書〕
『近世伊勢神宮領の触穢観念と被差別民』（清文堂出版、二〇一四年）、『桑名町人風聞記録Ⅰ』〈共編〉（清文堂出版、二〇一三年）、『三重県史』資料編近世3（下）、通史編近世1、他〈共編著〉（三重県、二〇一二年、二〇一七年、他）、『伊勢市史』第3巻近世編〈共編著〉（伊勢市、二〇一三年）

鳥羽・志摩の海女
素潜り漁の歴史と現在

二〇一九年（令和元）七月一日　第一刷発行

著　者　塚《つか》本《もと》明《あきら》

発行者　吉川道郎

発行所　株式会社　吉川弘文館
郵便番号一一三―〇〇三三
東京都文京区本郷七丁目二番八号
電話〇三―三八一三―九一五一〈代〉
振替口座〇〇一〇〇―五―二四四番
http://www.yoshikawa-k.co.jp/

印刷＝株式会社 理想社
製本＝株式会社 ブックアート
装幀＝河村　誠

ISBN978-4-642-08354-6

海と川に生きる（身分的周縁と近世社会）

斎藤善之編　四六判・二五二頁／三〇〇〇円

時代劇の船乗りは粗野で無法なイメージがつきまとうが、知識や技術こそが必要な力だった。潜水、流通、船荷の積み替え、集荷請負システム、蝦夷地の場所運営など、知識と技術の限りを尽くして生きた水辺の民の姿を探る。

女の民俗学（宮田登　日本を語る）

宮田　登著　四六判・二三四頁／二六〇〇円

女性は民俗社会の中で、どのような役割を果たしたのか。女の霊力や女護島伝説に着目し、性と豊穣の生命力を探る。また血穢や女人禁制の意識と根源を問い、海女の稼ぎ、嫁と姑など、優しいまなざしで「女の力」を語る。

海と里（日本の民俗）

安室　知・小島孝夫・野地恒有著　四六判・二七二頁／三〇〇〇円

海や里、そして山を舞台に人々はいかにして生活の糧を得ていたのだろうか。海・里・山の生業が重なり、営まれる様子を描き出す。生活や生業の技術をもとに、村の複合的なあり方を捉えなおし、多様な姿を提示する。

（価格は税別）

吉川弘文館

海と山の民俗（宮田登　日本を語る）

宮田　登著　　四六判・二五二頁／二六〇〇円

海人と山人は、対照的でありながら基本的な部分で類似することを指摘。海人が山に移住して山人化する道筋を示す。また山の神の加護を求めながら祟りを恐れる心意と、平地の人びとの信仰を集める山岳信仰の展開を追究。

東海道と伊勢湾（街道の日本史）

本多隆成・酒井　一編　　四六判・三一二頁・原色口絵四頁／二五〇〇円

江戸と京都を結ぶ「海つ道」＝東海道の吉原宿から亀山へ。四日市を起点に伊勢路で神宮へ向かう。今川・織田・徳川氏の動向や、伊勢神宮などの歴史を訪ね、東西文化の伝達路として重要な役割を果たした特質を探る。

日本女性史大辞典

金子幸子・黒田弘子・菅野則子・義江明子編　　四六倍判・九四四頁
原色口絵一六頁・口絵八頁
二八〇〇〇円

政治・経済・社会・運動・性・民俗など、アイヌや沖縄も含め、近年進展著しい女性史研究による最新の研究成果を三一〇〇余項目に集大成。女性学やジェンダーの視点も組み込み、新たな歴史像を拓いた本格的女性史辞典。